Hans Daucher

Wege des Zeichnens

Band 2: Landschaften

Für Vasco Ronchi

Hans Daucher

Wege des Zeichnens

Band 2: Landschaften

Otto Maier Ravensburg

Originalausgabe

1. Auflage 1985
Umschlagentwurf: Prof. Hans Daucher
Satz: Fotosatz Ruderer, Grünkraut
Reproduktionen: Hugo Krämer, Stuttgart
Gesamtherstellung: Kösel, Kempten
Printed in Germany

90 89 88 87 5 4 3 2

ISBN 3-473-48353-2

Inhalt

6 Vorwort
7 Einführung
12 Steine – Felsen – Berge
38 Bäume
70 Architektur in der Landschaft
74 Kleine Geschichte der Landschaftsdarstellung
100 Landschaftsräume

Vorwort

Dieser Band über Landschaftszeichnen setzt den ersten Band der Reihe über Grundlagen fort. Einige wichtige Übungen werden hier nochmals in abgewandelter Form wiederholt.
Landschaft – das ist die natürliche Umwelt, angereichert und strukturiert durch den Menschen. Diese Umwelt hat unsere Wahrnehmung im Verlauf der stammesgeschichtlichen Entwicklung des Menschen geprägt. Wir sind an sie angepaßt und beziehen aus dieser Anpassung die Fähigkeit, in ihr zu leben. Die Muster, in denen die Umwelt uns entgegentritt, haben also eine lange Naturgeschichte. Sie bestehen aus den Zeichen, die uns die phantastische Möglichkeit geben, Landschaft zeichnerisch auf einer Fläche abzubilden. In diesem Band geht es darum, diese Zeichen kennenzulernen, sie einzuüben und zu probieren, mit ihnen kreativ, spielerisch, künstlerisch umzugehen.
Die Verwandlung eines Strichs auf einer leeren Fläche in eine Illusion hat ihren eigenen Zauber. Wer den ersten Band bereits durchgespielt hat, kennt den Reiz, den schon die einfache Überschneidung einer Form durch eine andere auslöst. Mit den Mitteln des Landschaftszeichnens können wir nun unser zeichnerisches Spielfeld erweitern.
Die vielen Beispiele aus der Geschichte der Zeichenkunst bieten eine reiche Anregung. Elisabeth Kulot danke ich für eine einsatzbereite und umsichtige Mitarbeit bei dieser Zusammenstellung. Für die Beiträge herzlichen Dank an Gabi Schnitzenbaumer, Dorothee Otto und Thomas Möser, für Mithilfe an Ulrike Müller, Rudolf Beißer (Foto), Monika Logemann und Fritz Jemiller.
Mein besonderer Dank aber gilt meinem Gönner und Freund Professor Vasco Ronchi, dessen geistige Anregung und dessen Gastfreundschaft in einer großartigen Landschaft den Rahmen und den Impuls für diese didaktische Arbeit gaben.

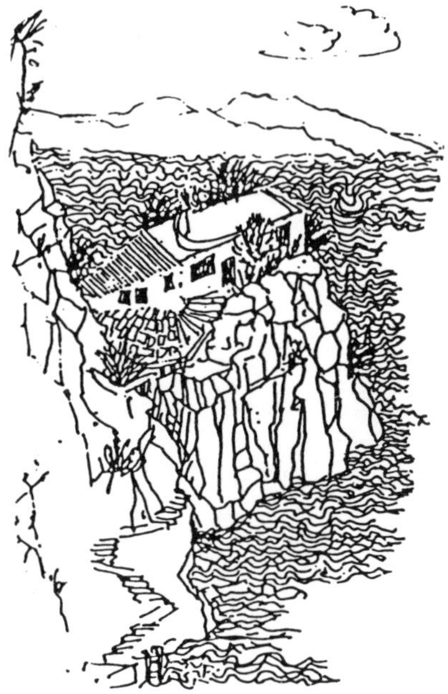

Punta di Masullo, Sommer 1984

Einführung

Diese Reihe heißt *„Wege des Zeichnens"*. Das meint, daß nicht ein bestimmter Stil vermittelt werden soll, sondern dazu angeregt wird, erst mal alles auszuprobieren, was uns eine lange zeichnerische Tradition in der Kunst zur Verfügung gestellt hat, um dann – ausgerüstet mit einem reichhaltigen Repertoire – einen eigenen Weg graphischen Ausdrucks zu finden. Anfänger haben oft eine besondere Scheu davor, sich auf die Aneignung ihnen ungewohnter Darstellungsweisen einzulassen, weil sie glauben, es sei ihrer Originalität abträglich. Aber es ist hier wie beim Schreibenlernen: Die Schreibvorlage ist für alle dieselbe, jedoch nach dem Erlernen der Schrift entwickelt sich mit dem größten Selbstverständnis die individuelle Abwandlung. Das ist beim Zeichnen in einem viel höheren Maße auch der Fall. Den persönlichen Stil muß man nicht suchen, er stellt sich von allein ein, unbeschadet der Vorbilder, nach denen man seinen Formenschatz aufbaut. Hier werden deshalb gleich zu Beginn Beispiele für verschiedene Möglichkeiten zeichnerischer Darstellung gebracht. Man sollte sie alle durchprobieren. Dann wird man finden, daß subjektive Vorlieben bestehen, lieber so oder so zu zeichnen. Vielleicht ist es nicht förderlich, diese Vorlieben zu schnell als seine persönliche Eigenart zu dogmatisieren. Es ist besser, nicht zu sagen: das liegt mir, das liegt mir nicht, sondern gierig darauf zu sein, die eigenen Möglichkeiten zu erweitern, die eigene Variabilität auszubreiten.

Das didaktische Konzept dieser Zeichenschule geht nicht vom Abzeichnen vor der Natur aus. Es folgt vielmehr alten Methoden, die mit dem Erlernen von Zeichen beginnen, ein zeichnerisches Repertoire vermitteln, mit dem man dann vor die Natur hintreten kann. Gerade beim Landschaftszeichnen ist die Verlockung groß, gegenüber der Natur in ein mechanisches Abbildungszeichnen zu verfallen und nur noch am Objekt hängen zu bleiben. Dabei fällt es besonders schwer, sich zu vergegenwärtigen, daß die Zeichnung vor allem ein Blatt Papier ist und der spätere Betrachter der Zeichnung nicht darauf erpicht ist zu kontrollieren, inwieweit die Zeichnung auf diesem Blatt mit dem Vorbild übereinstimmt. Der Maler Werner Gilles erzählte eine hübsche Geschichte dazu. Von ihm stammt eine große Reihe von Bildern, die er auf der Insel Ischia gemalt hat. Diese Landschaftsdarstellungen weisen einen ziemlich hohen Abstraktionsgrad auf, sind alles andere als naturalistisch. Sie sind jedoch vor der Natur gemalt. Eines Tages habe ihm ein eleganter Tourist mit seiner Begleiterin über die Schulter geblickt und ärgerlich kommentiert: „Tutta fantasia!" Bei einer anderen Gelegenheit sei ein Bauer mit seinem Sohn hinter ihm gestanden, habe ihm zugeschaut und mit erhobenem Zeigefinger anerkennend seinen Sohn belehrt: „Tutta fantasia!" Wenn man über ein graphisches Repertoire bereits verfügt, ist es leichter, jene spielerische Haltung vor der Natur zu finden, die einen phantasievollen Ausdruck der eigenen Empfindung ermöglicht. Es wird außerdem leichter fallen, das Bewußtsein auf das Zeichenblatt als ein Spielfeld der eigenen Erfindungskraft zu lenken, für die das

Motiv nur die Anregung darstellt. Ginge es nur um die Abbildung, dann wäre es besser, den Fotoapparat zu zücken.
Die Freiheit, mit den zeichnerischen Mitteln zu spielen, mit ihnen auf das Zeichenblatt bezogen umzugehen und den Gegenstand nur als Auslöser zu benützen, kann man nur erreichen, wenn man dafür bereits einen graphischen Formenschatz zur Verfügung hat. Dennoch ist es nach meiner Erfahrung schwierig, den Punkt zu erreichen, an dem diese Loslösung vom Gegenstand und die Hinwendung zur Zeichenfläche beginnt. In der eigenen künstlerischen Entwicklung stellt dies so etwas wie ein Aha-Erlebnis dar. Danach beginnt ein Aufatmen in einer neu gewonnenen Freiheit. Leider nützt es nichts, nur zu wissen, daß der Weg so verläuft, es ist ein Prozeß der Selbsterfahrung, der nicht von heute auf morgen zum Ziel führt.

Für jemand, der Klavierspielen lernt, ist es selbstverständlich, daß er dazu Übung benötigt. Anfänger im Zeichnen meinen aber häufig, daß die lockere, eigene Genialität genügt und es ohne systematisches Üben geht. Will man zeichnen lernen, muß man bereit sein, sich auf dieses Üben einzulassen. Es kann mit sehr viel Spaß verbunden sein, weil, anders als beim Erlernen eines Instruments, nie etwas Vorgegebenes mechanisch gelernt werden soll, sondern immer die eigene Kreativität gefordert ist. Dies erfordert eine spezifische Haltung, wie sie im ersten Band bereits angeregt wurde.

Um es noch einmal deutlich zu machen: Die hier angebotene Methode erwartet vorerst kein Studium vor der Natur. Wird dieser Band mit dem Angebot der Leerflächen zur eigenen zeichnerischen Betätigung einmal durchgearbeitet, so steht bereits eine Reihe von Möglichkeiten offen, sich vor der Natur zeichnerisch auszudrücken. Die darstellerische Bewältigung des Gegenstands wird dann reflektierter, auch variabler und kreativer stattfinden können.

In der Kunst geht es um den Ausdruck von Gefühlen. Ebenso wie die mechanische Wiedergabe einer Sonate nicht Musik vermitteln kann, sondern der persönliche Ausdruck, die persönliche Empfindung eingebracht werden muß, so kann auch die künstlerisch-zeichnerische Darstellung nicht mit einem mechanisch erlernten Repertoire zu überzeugenden Ergebnissen führen. Dieser Band bringt neben den didaktischen Zeichnungen (Zeichnungen, die lediglich verschiedene Möglichkeiten anbieten) eine große Reihe von meisterlichen Arbeiten. Es wird förderlich sein, diese nicht nur als schematische Vorbilder zu betrachten, sondern auch ihre besondere Ausdrucksqualität nachzuempfinden.

Beim Zeichnen vor der Natur geraten Anfänger meist in die Vorstellung, daß es darum geht, das gesehene Bild auf die Zeichenfläche zu projizieren. Sie sind fasziniert, aber auch verwirrt von der Vielfalt der Natur und bemerken nun bei dem Prozeß der

Umsetzung des Augeneindrucks in eine Zeichnung, daß dazu entweder eine schier unübersehbare Befassung mit den Einzelheiten notwendig ist oder aber daß man gezwungen ist, wegzulassen. Zeichnen ist von Meistern häufig als die Kunst des Weglassens apostrophiert worden. Aber es ist eigentlich nicht das Problem, Wichtiges vom Unwichtigen zu trennen. Vielmehr ergibt sich die Reduktion, die beim Zeichnen notgedrungen stattfindet, synthetisch; das heißt, der Zeichner entwickelt eine Strategie, wie er aus zeichnerischen Elementen ein Sehfeld aufbaut. Diese Elemente wurden im letzten Band ausführlich angeboten. Sie werden in den Landschaftsdarstellungen in abgewandelten Formen wieder sichtbar. Da sind zum einen die elementaren Zeichen, die Räumlichkeit signalisieren (Vorne verdeckt Hinten, Vorne groß, Hinten klein usw.), zum andern die Ansprüche, die von der Zeichenfläche her gestellt werden (Kontrast, Gleichgewicht, Spannung...). Diese Grundlagen bestimmen die Strategie des Zeichnens. Sie werden in diesem Band konkretisiert durch die Elemente der Landschaft. Im ersten Abschnitt befassen wir uns mit den Motiven Steine, Felsen, Berge. Dafür ist bereits Vorarbeit geleistet. Der zweite Abschnitt bietet eine reiche Auswahl für die Darstellung eines Landschaftselements, das dem Anfänger besondere Schwierigkeiten bereitet, die Darstellung von Vegetation, insbesondere von Bäumen. Auch hier soll ein historischer Querschnitt, der allerdings nicht zeitlich, sondern methodisch geordnet ist, ein möglichst breites Anregungsfeld bringen. Im dritten Abschnitt geht es um die Verbindung von Landschaft und Architektur. Damit erhöht sich die Vielfalt von Darstellungsmöglichkeiten durch die Einbeziehung geometrischer, konstruktiver zeichnerischer Elemente. Der vierte Abschnitt gibt Anregungen unter dem Motto Landschaftsräume. Illusionistische Darstellung des Tiefenraums, aber auch Zeichensetzungen für Räumlichkeit in der Landschaft bieten ein weites Übungsfeld mit Beispielen, die uns die Zeichnung von der Renaissance bis zur Gegenwart liefert.

Diese etwas schematische Einteilung soll dazu dienen, sich jeweils etwas gezielter mit dem jeweiligen, gegenständlichen Motiv auseinanderzusetzen.

Mit den angebotenen Leerflächen im Buch hat es eine eigene Bewandtnis. Im ersten Band wurde bereits darauf hingewiesen, daß die kleinen Kästchen zwar den Nachteil einer geringeren Bewegungsmöglichkeit mit sich bringen, aber es erheblich erleichtern, das Wichtigste im Auge zu behalten, nämlich das *Ganze* der Zeichenfläche. Hinzu kommt, daß es leichter ist und auch weniger zeitaufwendig, graphische Elemente auf einer kleinen Fläche in Szene zu setzen, als auf einer großen. Der Vorschlag, ins Buch zu zeichnen, verfolgt die Absicht, den Zeichnungen einen echten Übungscharakter zu geben; denn es gehört zu typischen Fehlern von Anfängern, daß sie aus jeder Zeichnung schon ein Kunstwerk machen wollen. Zeichnen erfordert eine große Konzentration.

Die Ergebnisse werden vom Zeichner gerne zu wichtig genommen. Schließlich sind es Ergebnisse einer engagierten Anstrengung. Die leeren Kästchen im Buch vermitteln einerseits den Übungscharakter des Vorhabens, fordern zu dieser besonderen Konzentration und dokumentieren andererseits so den Lernprozeß. Wenn im Verlauf der Übungen ein Zustand erreicht wird, der dazu motiviert, auf losen Zeichenblättern weiterzuarbeiten, ist ein wichtiges Ziel erreicht.

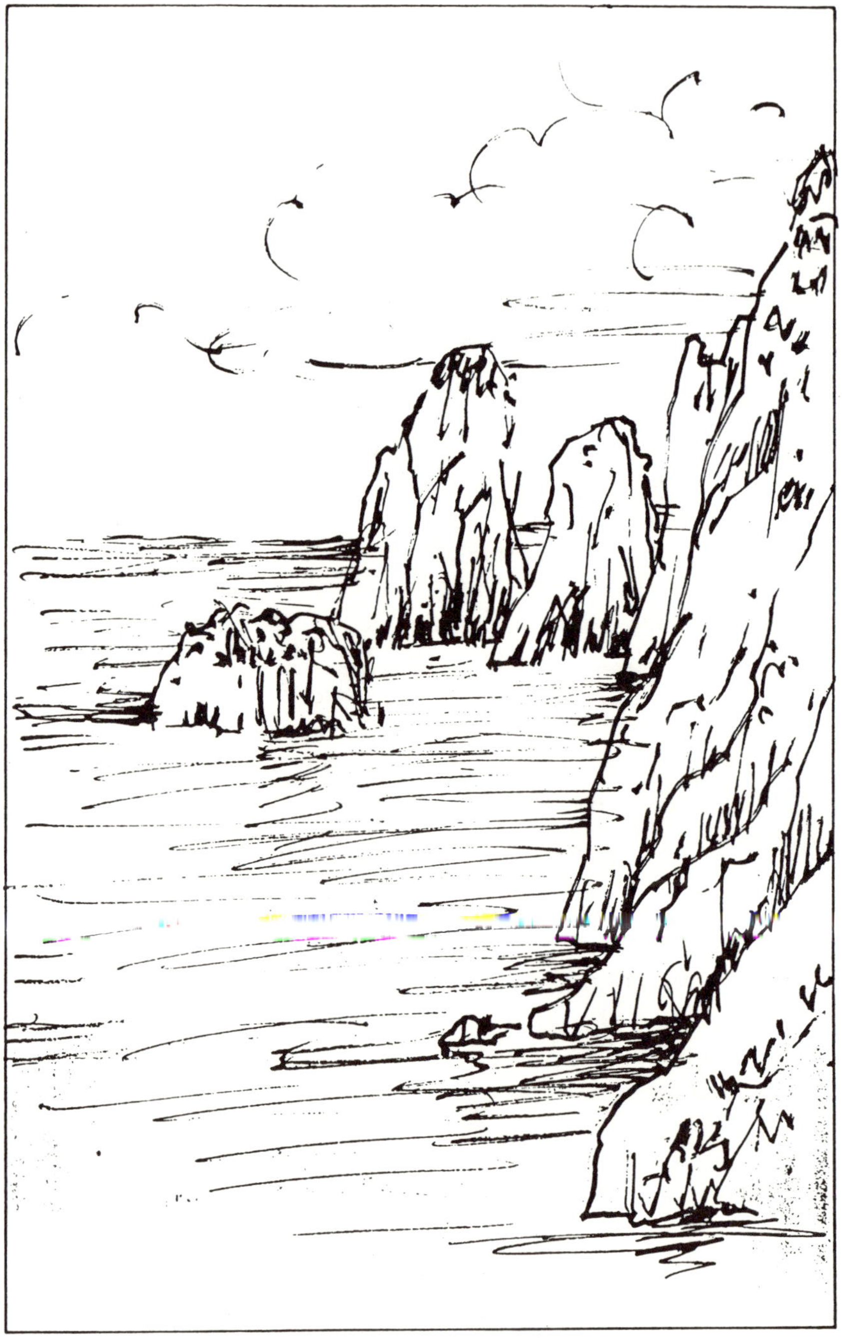

Steine – Felsen – Berge

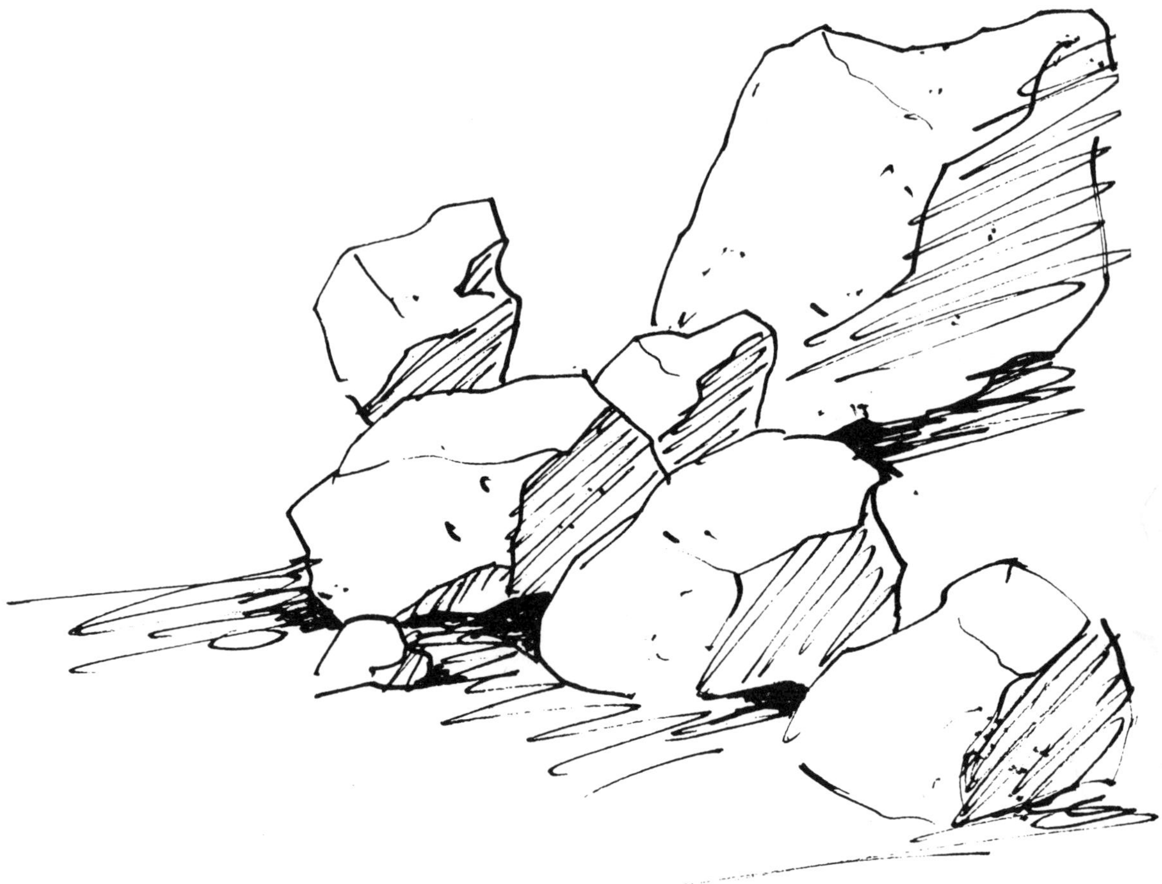

Steine sind charakteristisch für die anorganische Formenwelt der Natur. Ihre scheinbar zufällige und regellose Form ist schwer in ein Schema zu bringen. Aber so verschieden Steine aussehen können, sie verfügen doch über gemeinsame Merkmale. Wenn wir sie kennen, ist es ein leichtes, Steine zeichnerisch zu erfinden: Steine sind kompakt, als Körper zeigen sie sich von mindestens zwei Seiten. Sie sind meist unregelmäßig kantig. Diese Kanten bieten bei entsprechender Beleuchtung klare Linien. Steine verdecken einander und schaffen so für unser Auge klare Raumverhältnisse. Sie werfen Schatten.

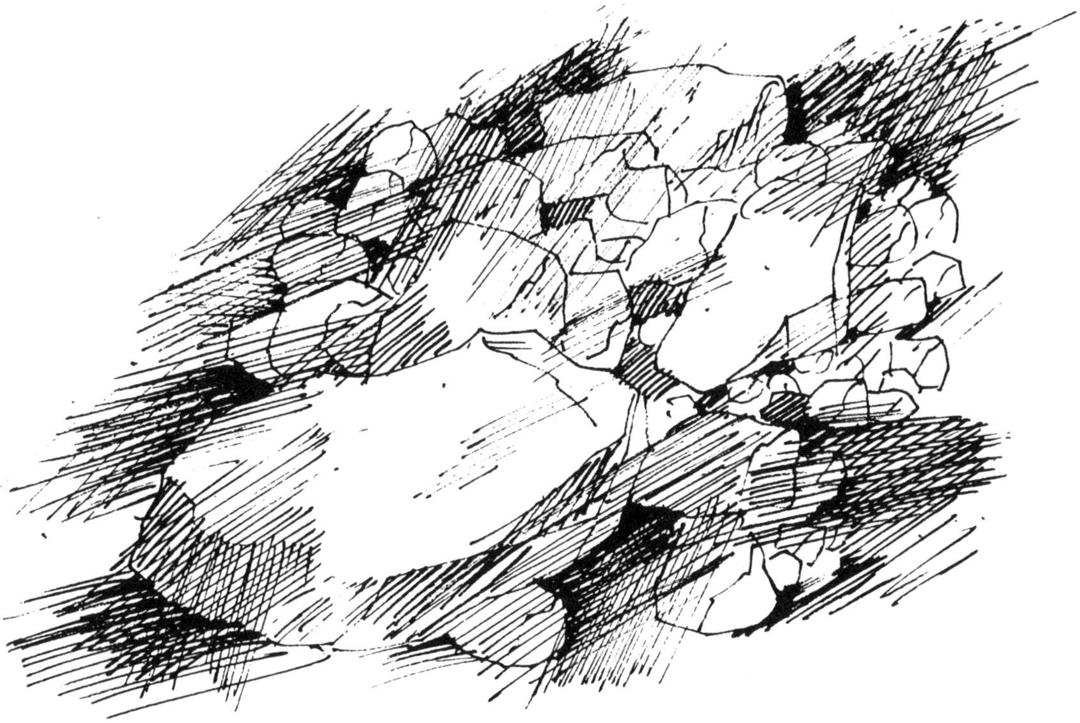

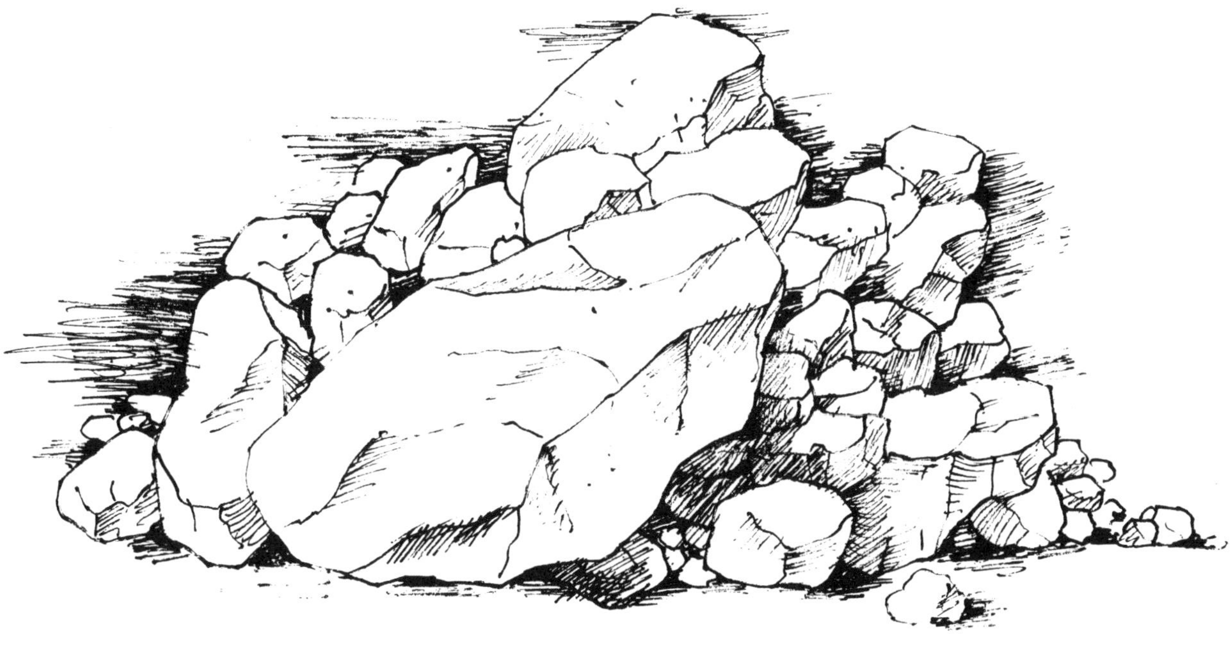

Die Beispiele demonstrieren einige der vielen zeichnerischen Möglichkeiten, Steine darzustellen. Beachten Sie im *Grundschema* die Betonung der Überschneidungsecken. Hier kommt es auf Genauigkeit an.

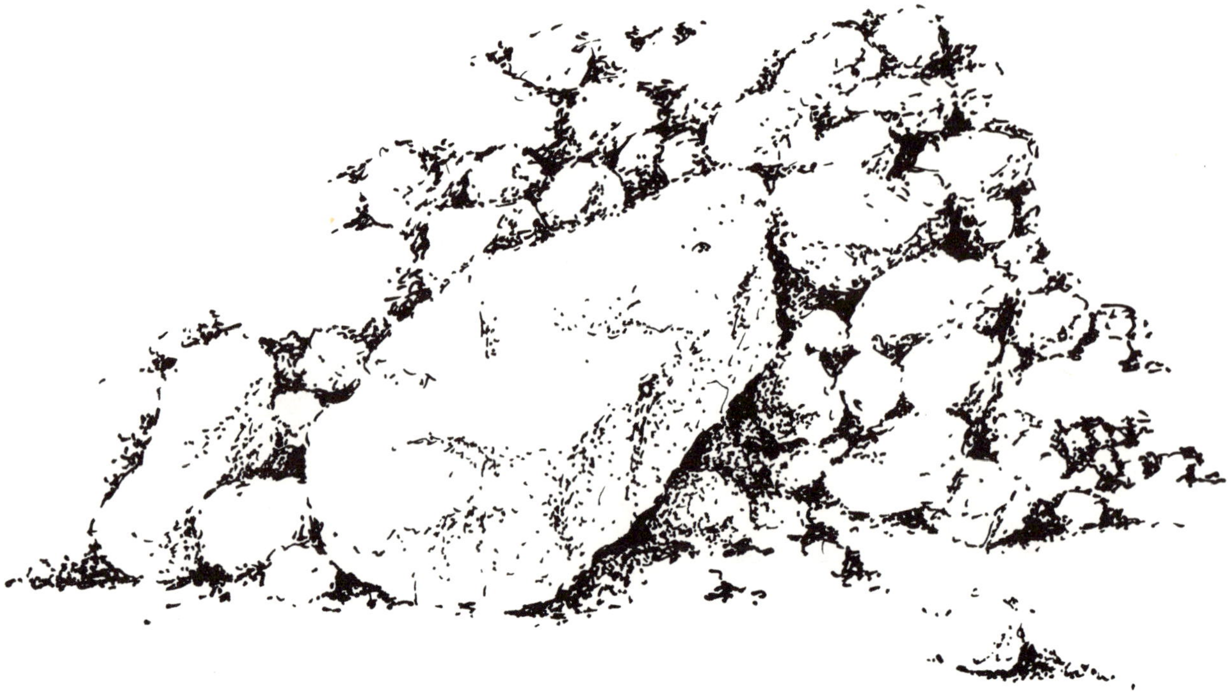

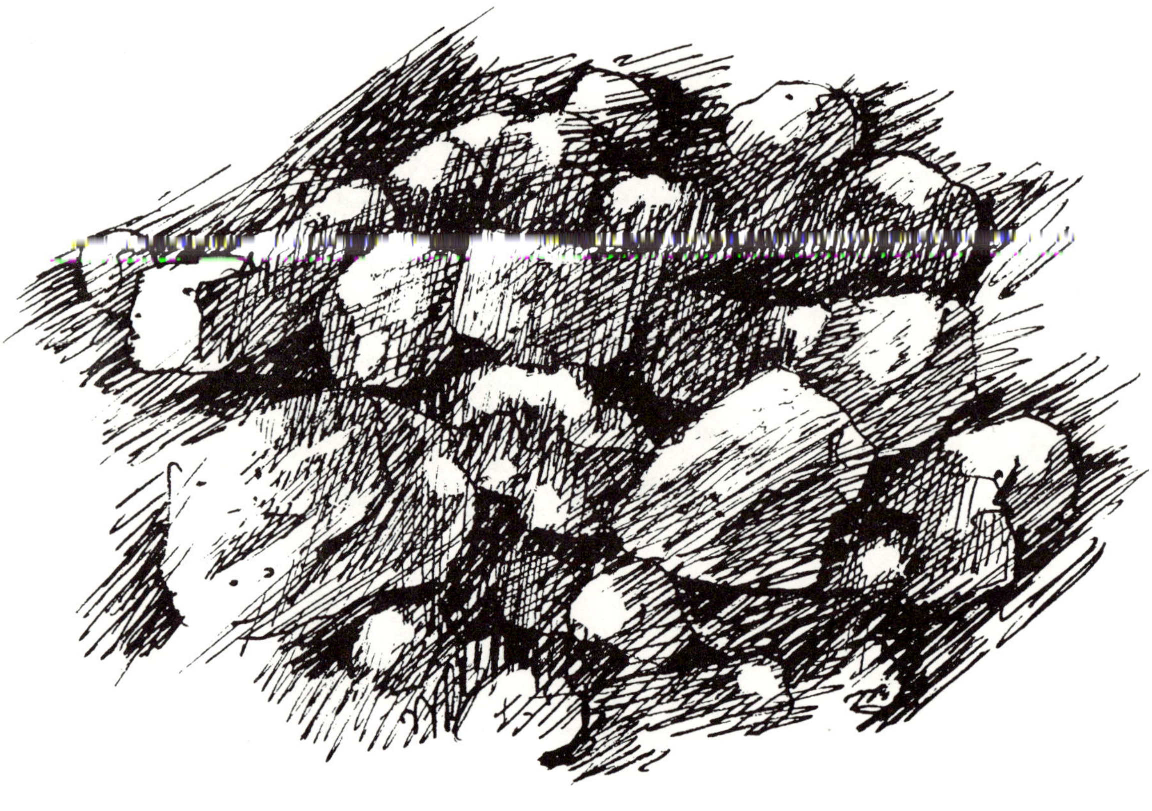

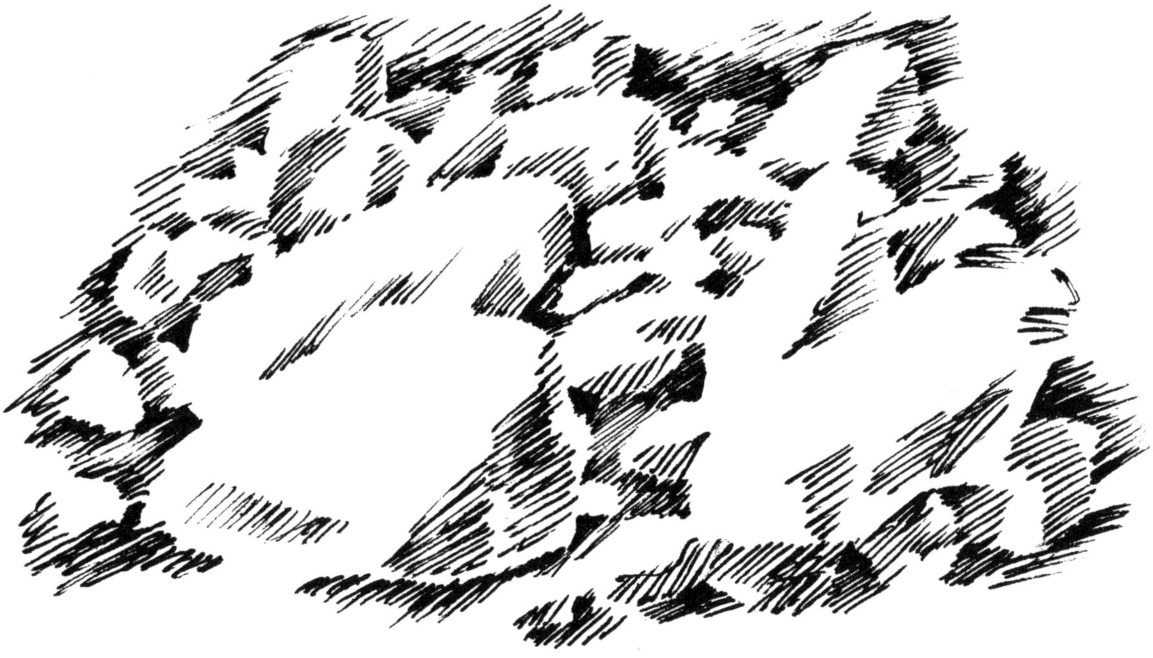

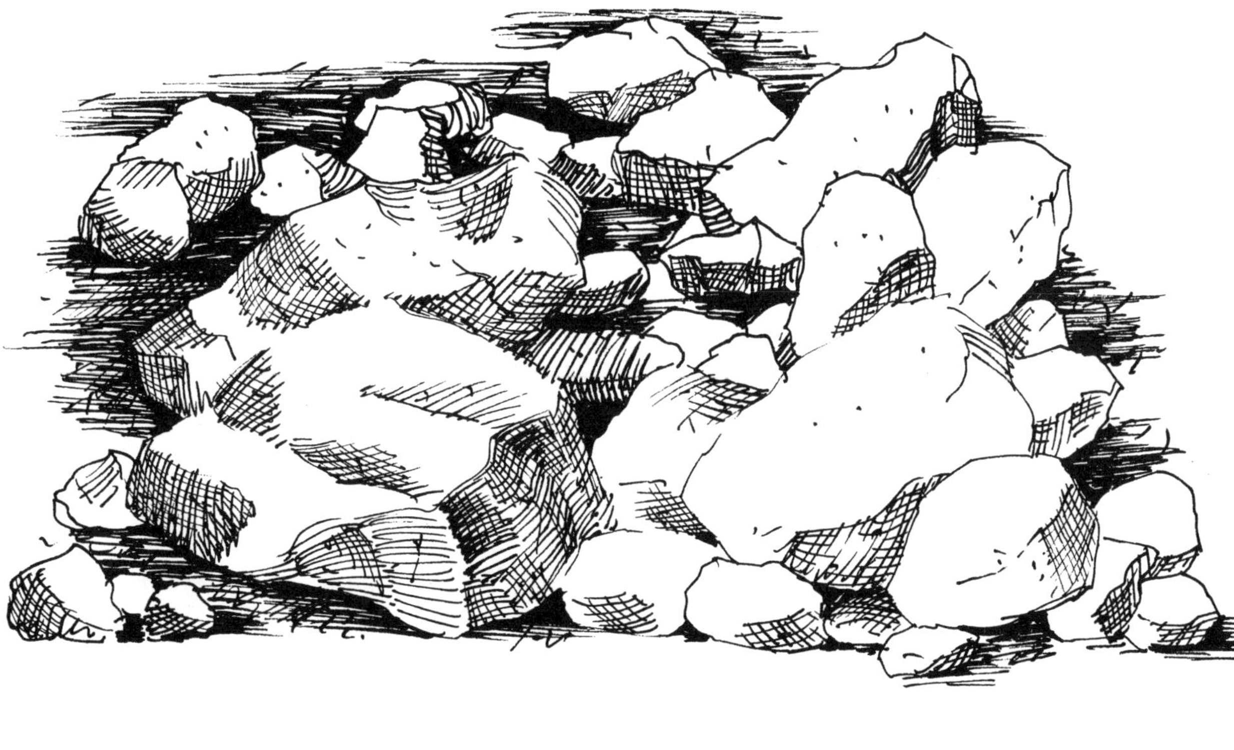

Wenn die Darstellungsmittel zu dogmatisch verwendet werden, entsteht leicht eine manierierte Zeichnung.

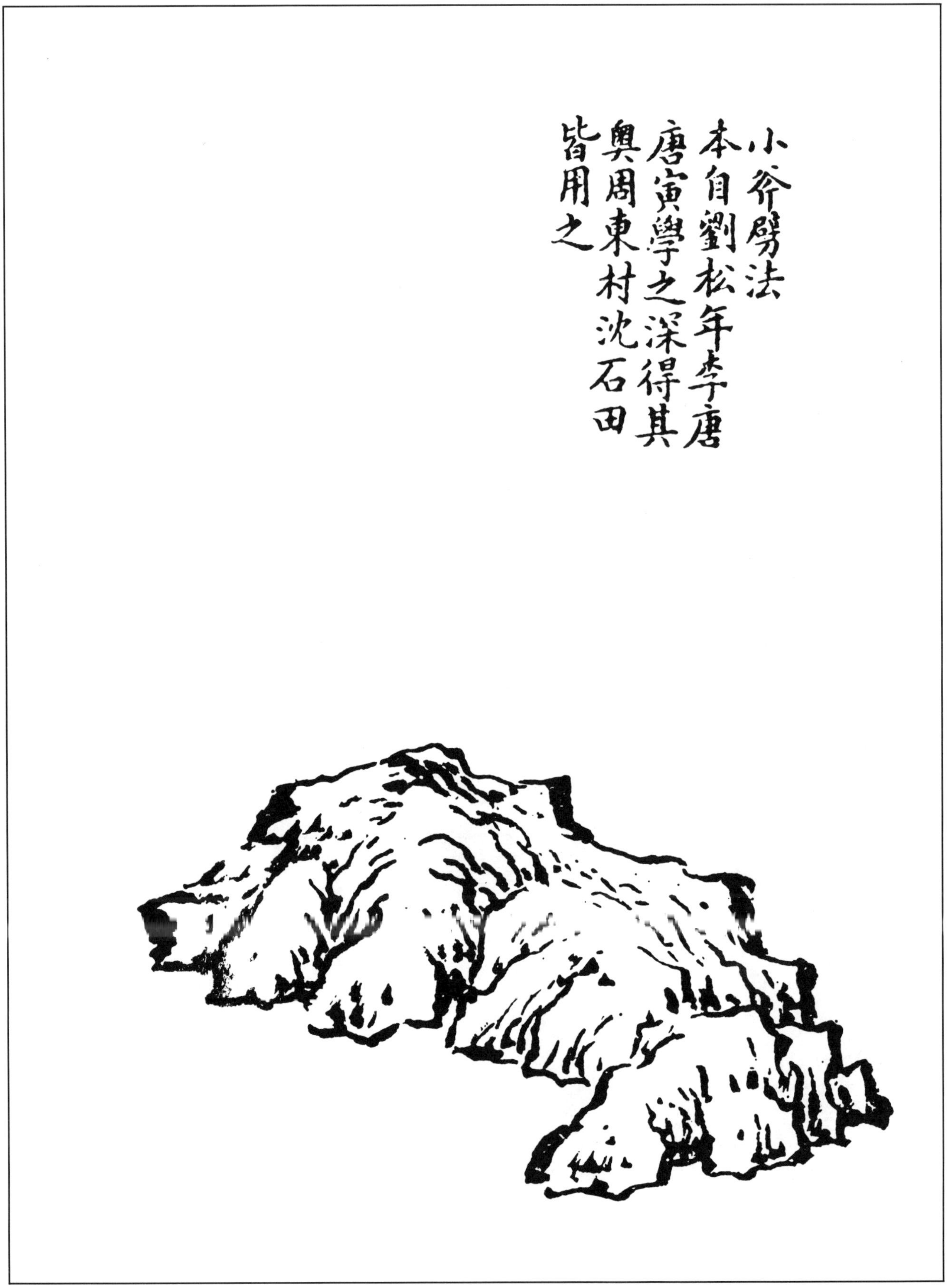

aus: Der Senfkorngarten, chinesische Malschule des 18. Jhd.

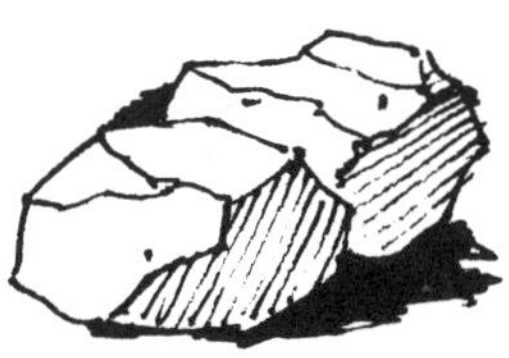

Grundschema

Versuchen Sie einen Steinhaufen zu erfinden!

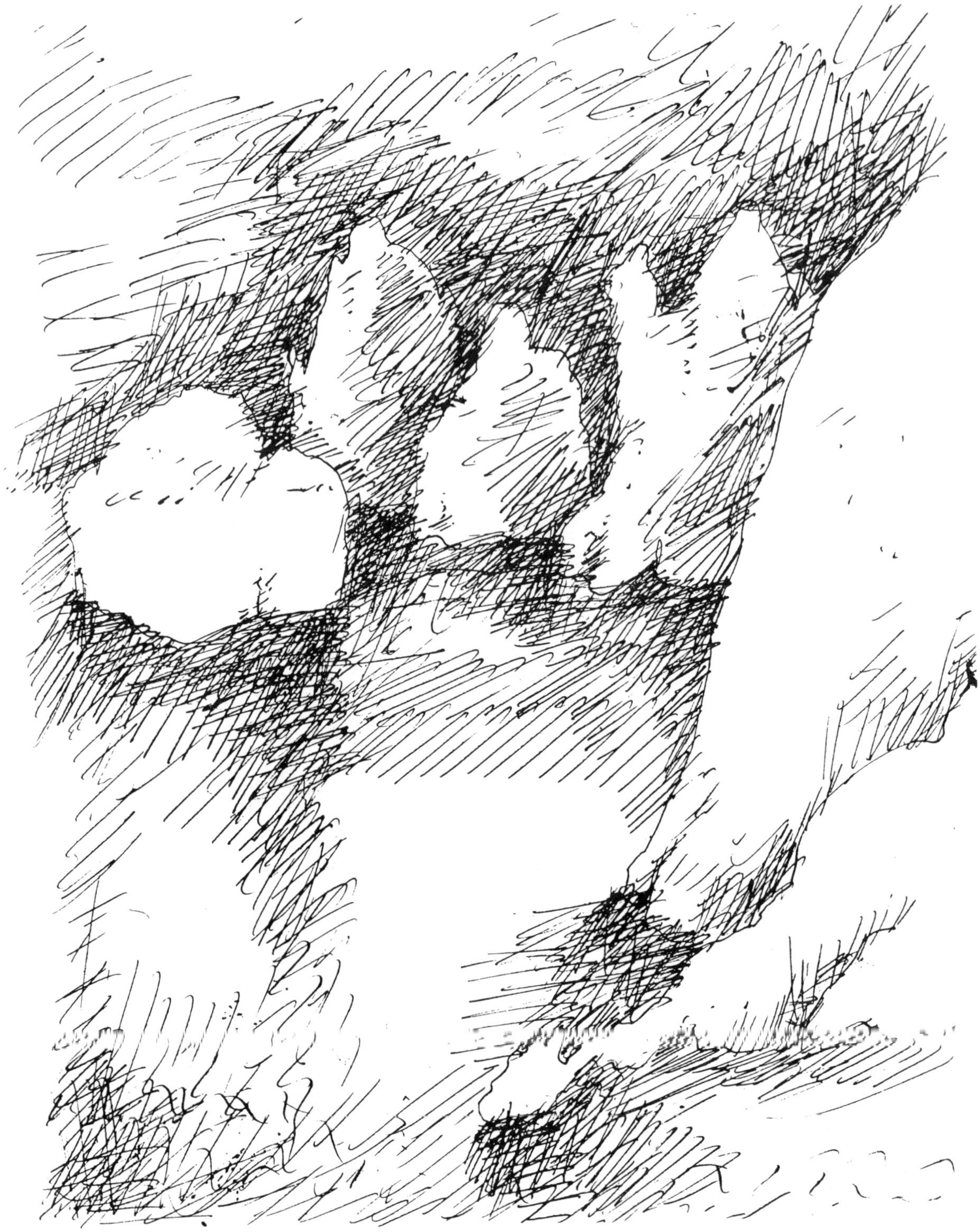

Die folgenden Beispiele variieren eine klassische Felsenlandschaft. Versuchen Sie diese Variationen selbst durchzuspielen nach dem Bildthema: vier Felseninseln und eine Steilküste, die sich gegenseitig überschneiden. Erfinden Sie selbst eine Anordnung und benutzen Sie dazu die leeren Kästchen auf den folgenden Seiten.

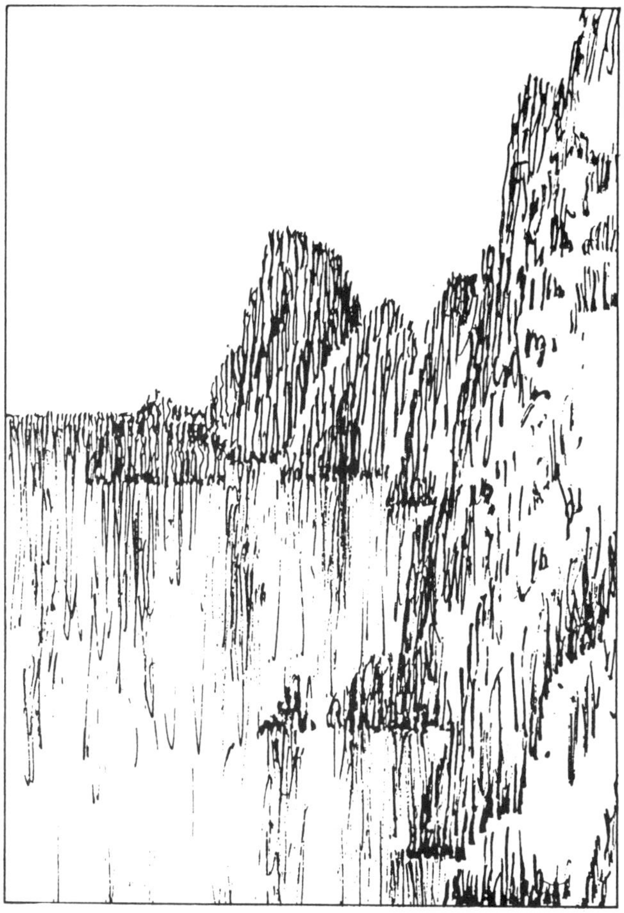

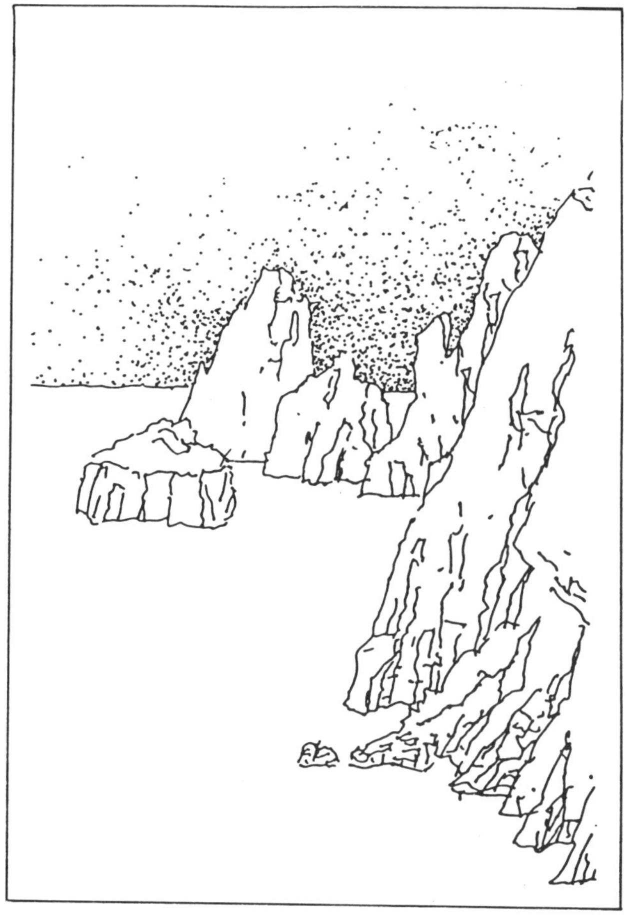

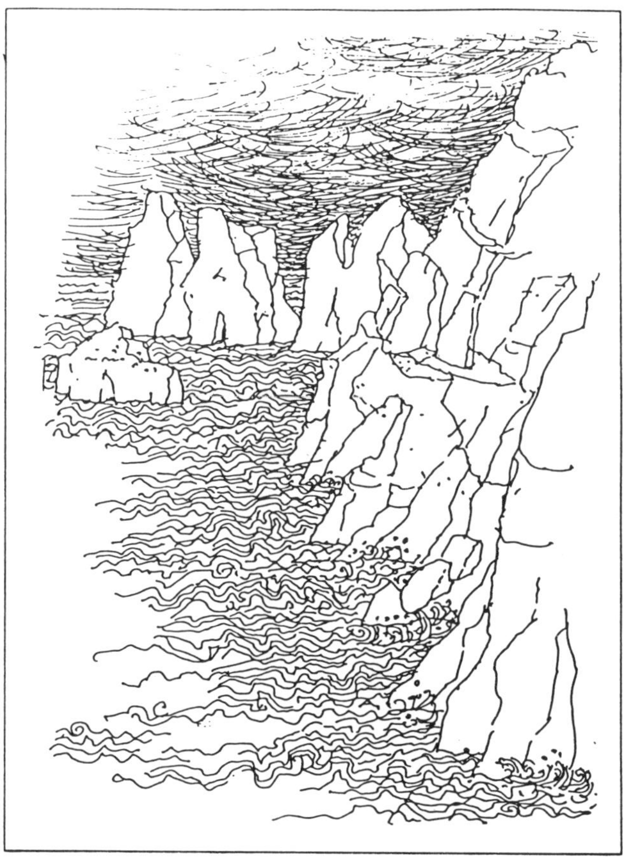

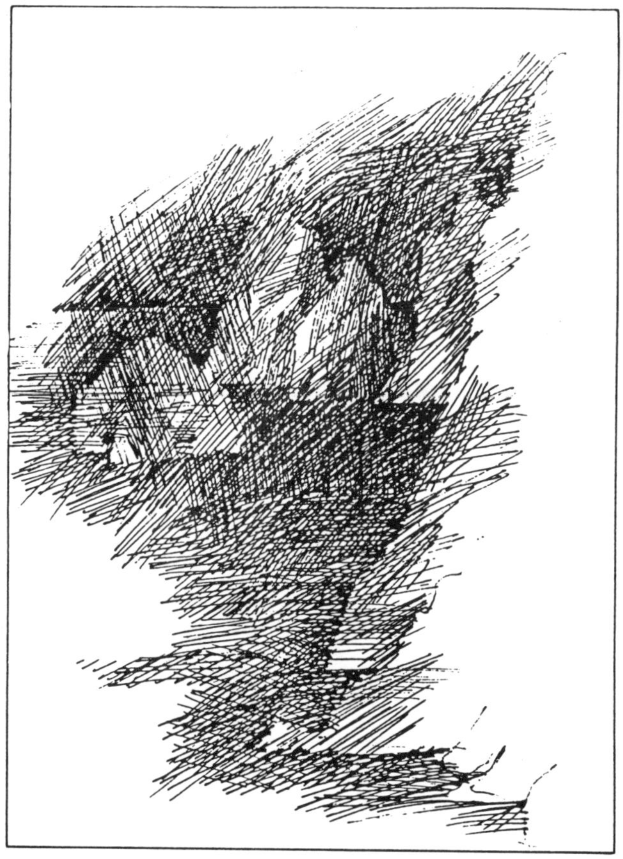

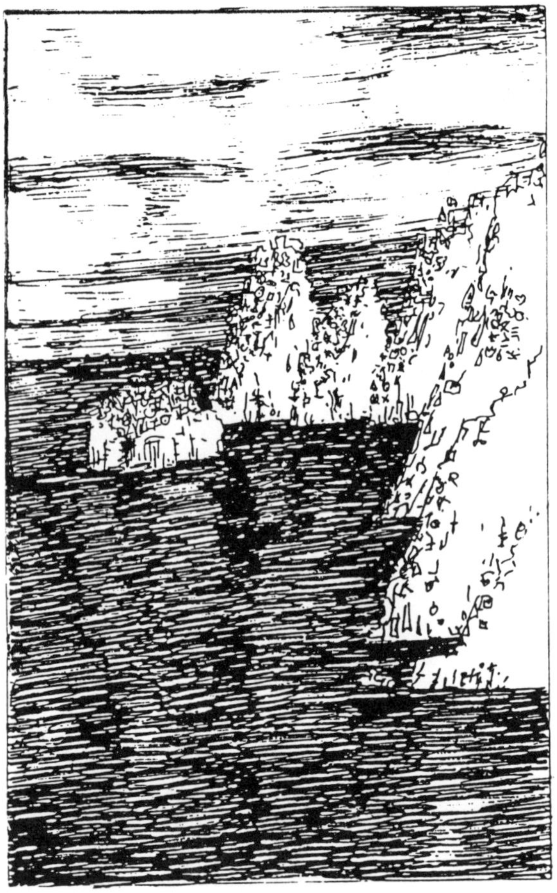

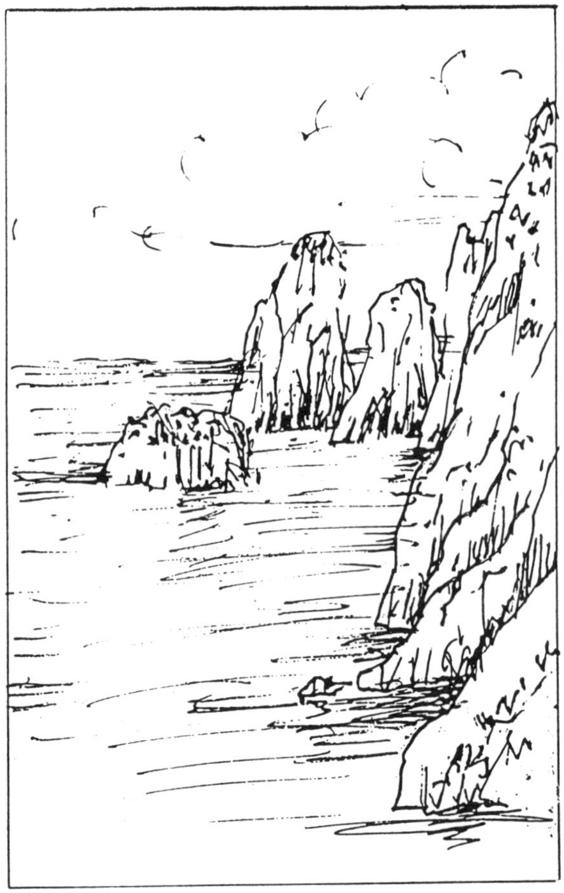

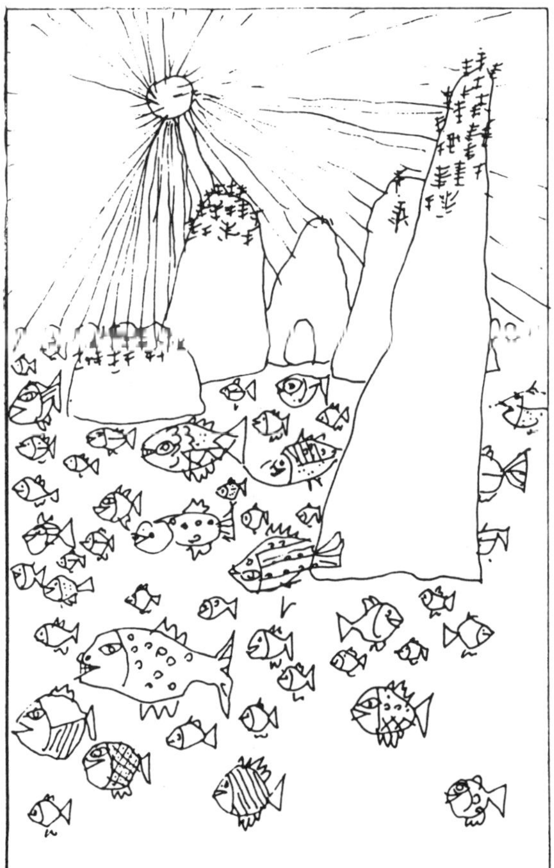

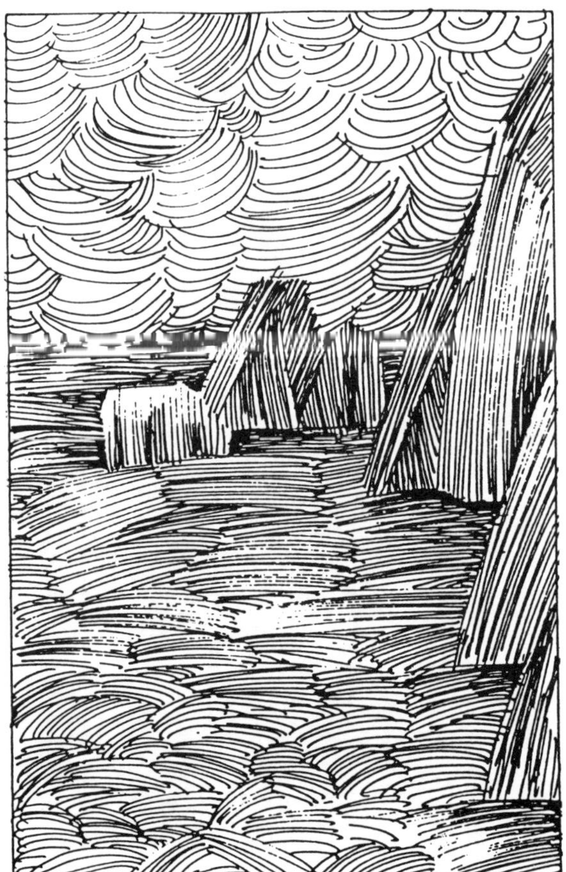

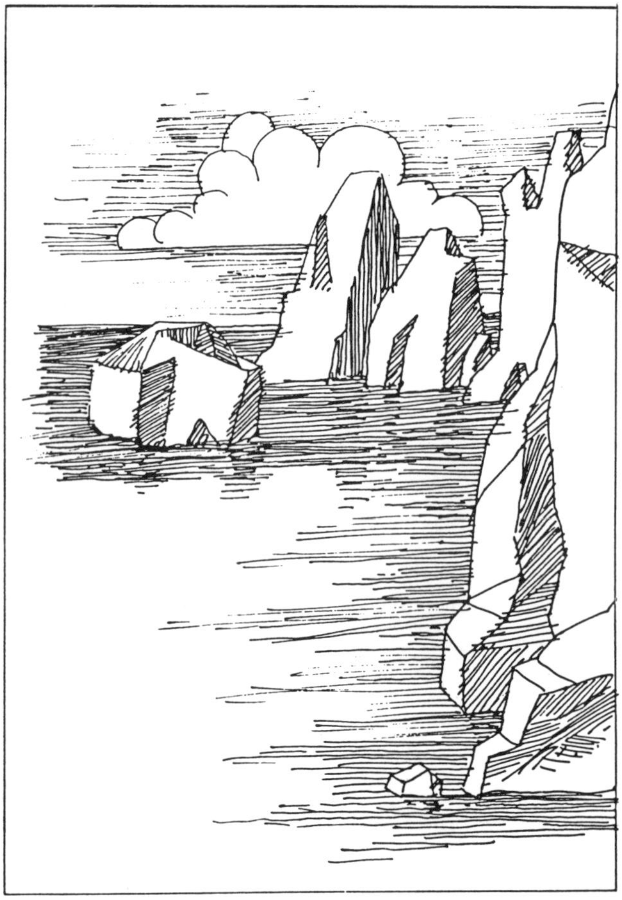

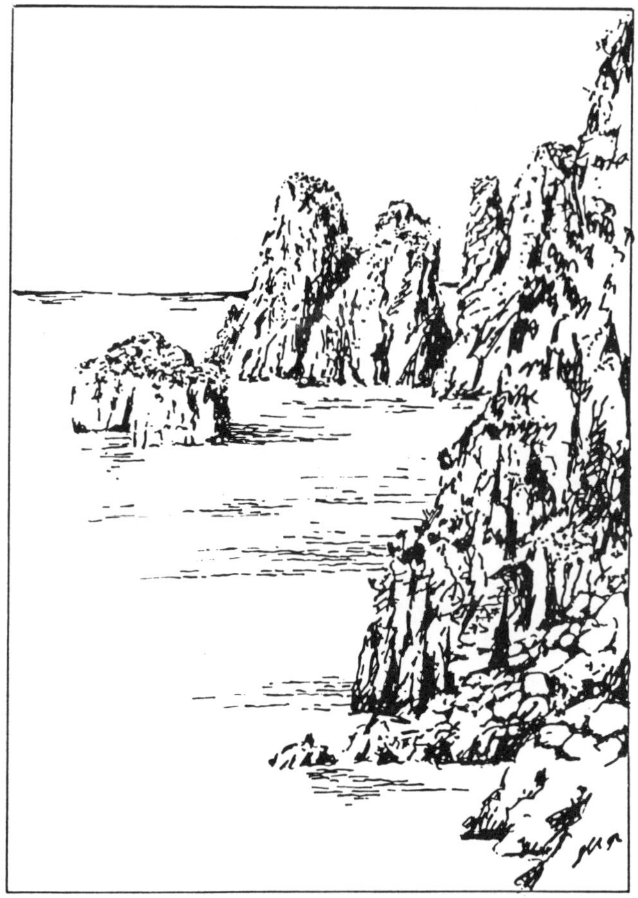

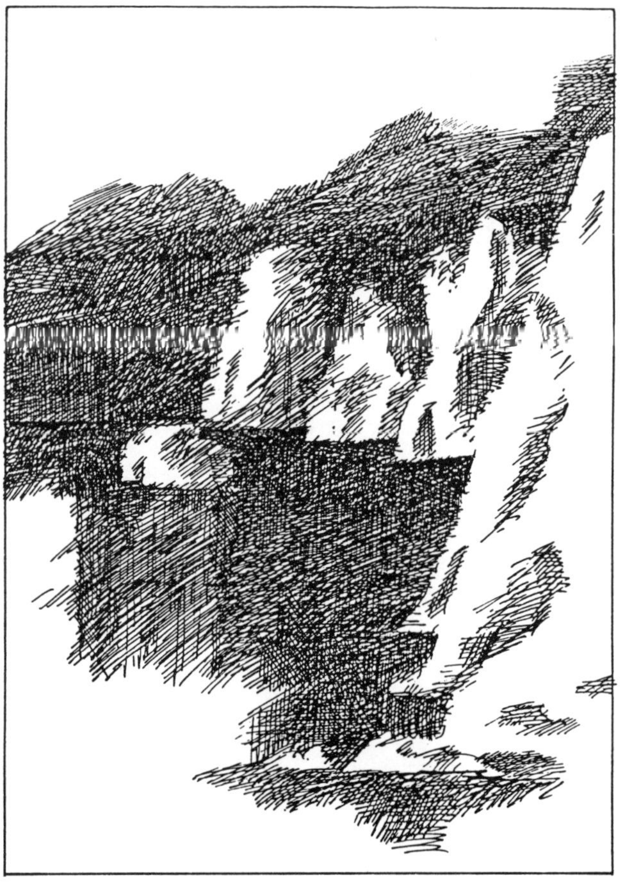

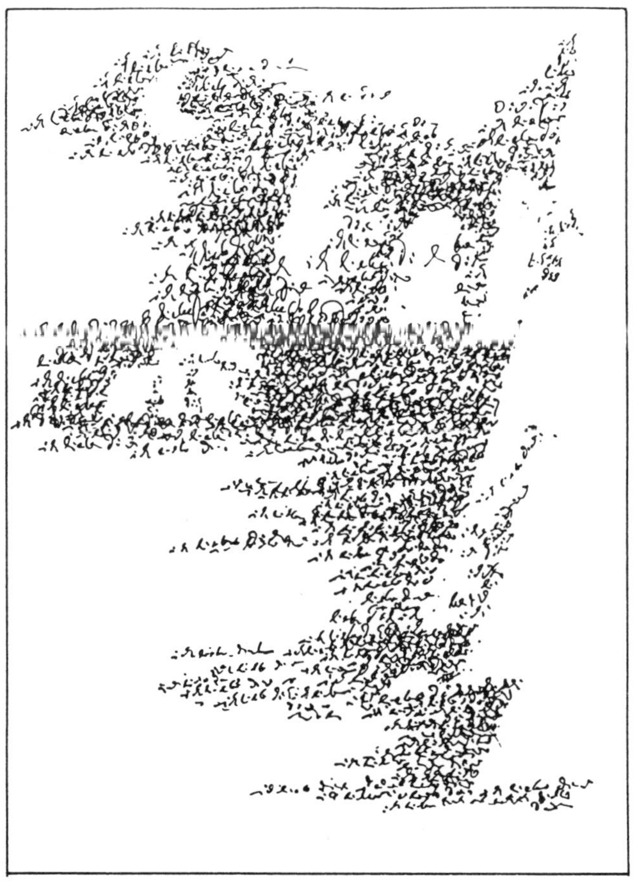

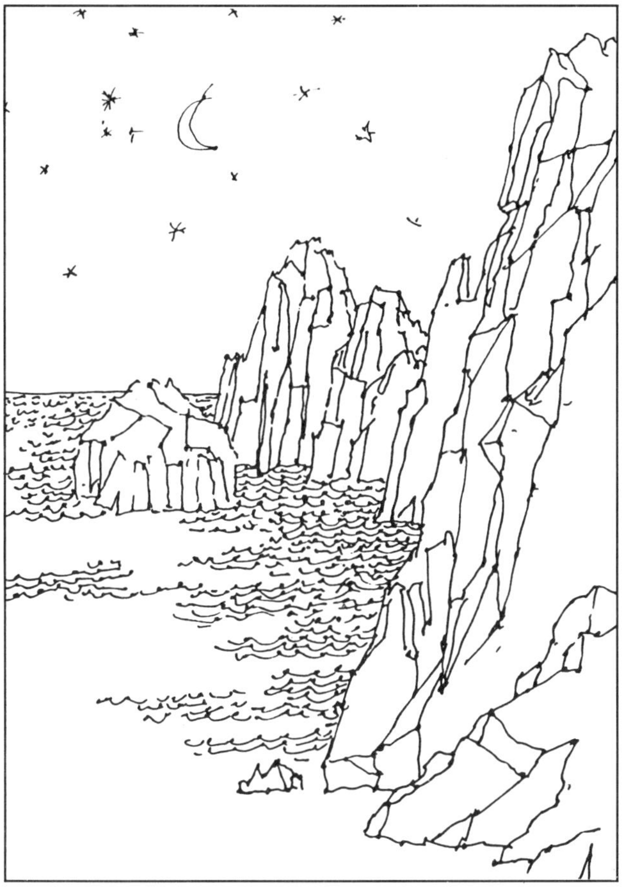

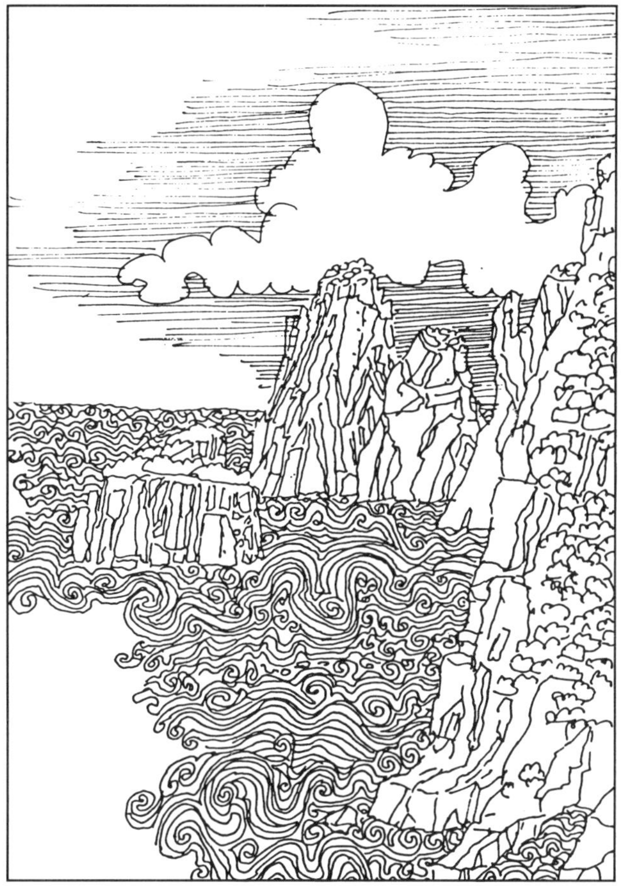

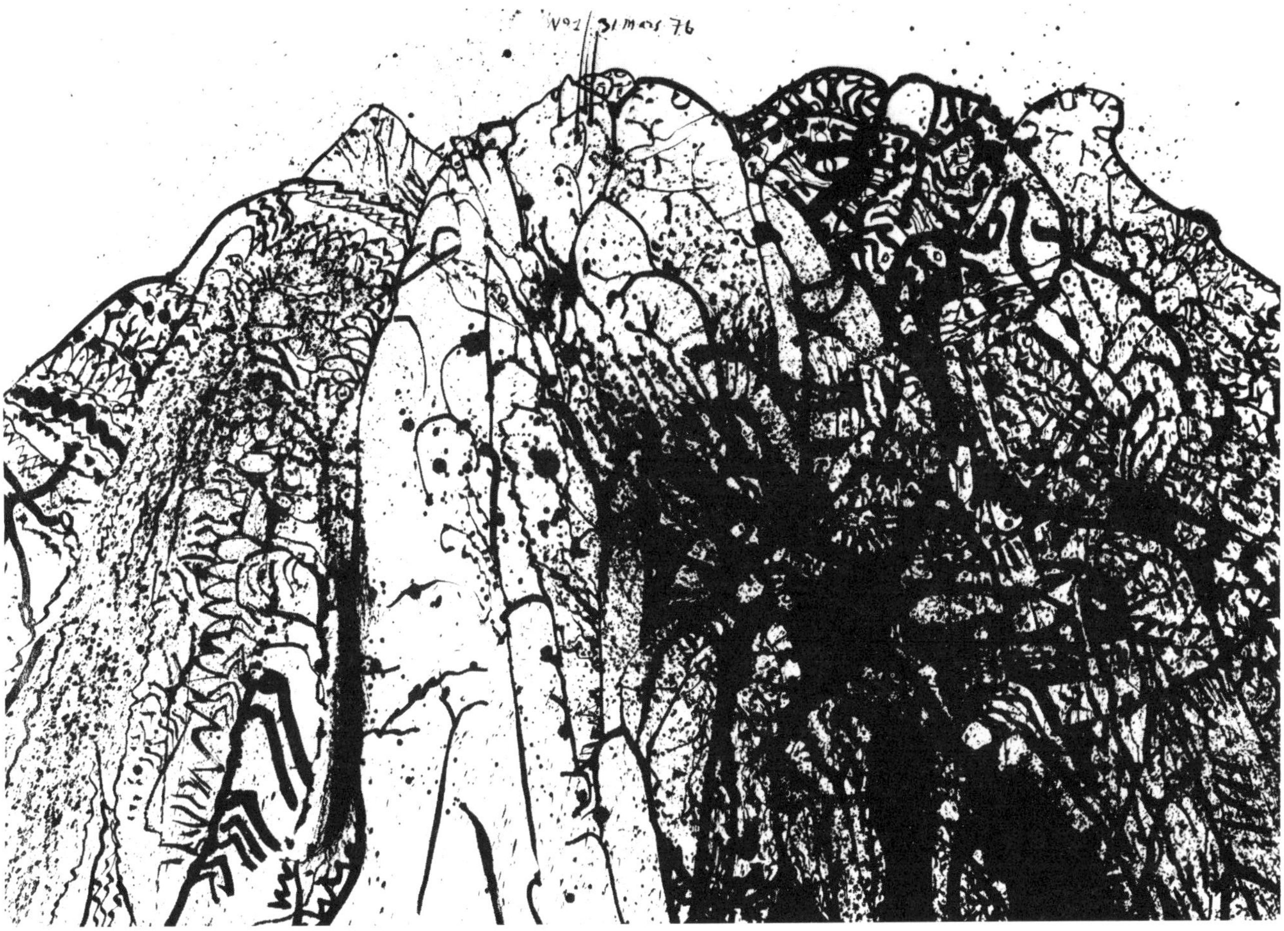

Mario Prassinos, 1976

Beim Spiel mit den graphischen Möglichkeiten ist jede Freiheit gestattet. Hier interessiert den Zeichner nicht das Räumliche, sondern die Struktur. Schraffuren müssen nicht immer zur Klarheit der Raumverhältnisse eingesetzt werden. Hier ist es eher umgekehrt. Dabei werden die Strukturen zu Ausdrucksspuren. Nutzen Sie die leeren Kästen links und auf den nächsten Seiten für eigene Übungen.

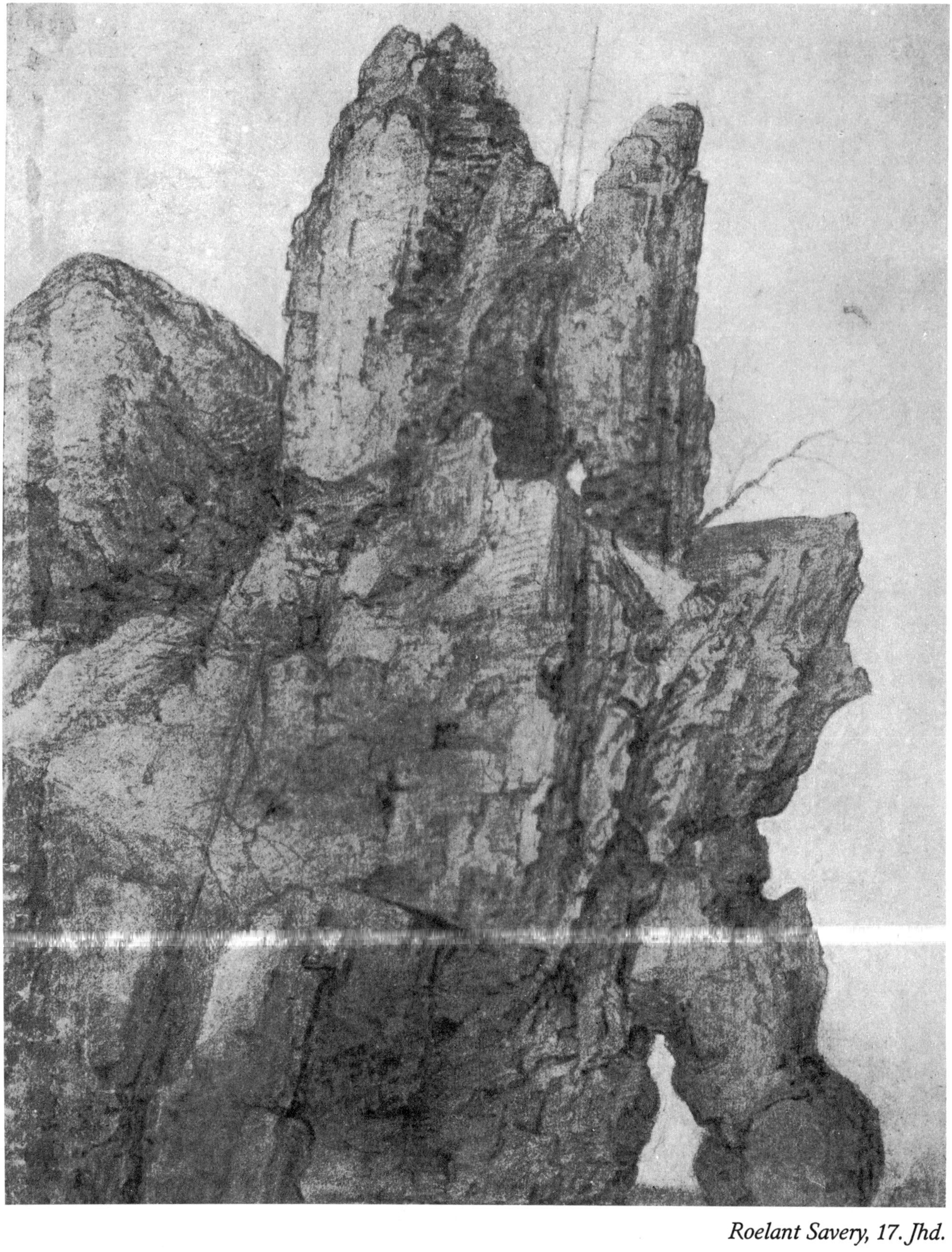

Roelant Savery, 17. Jhd.

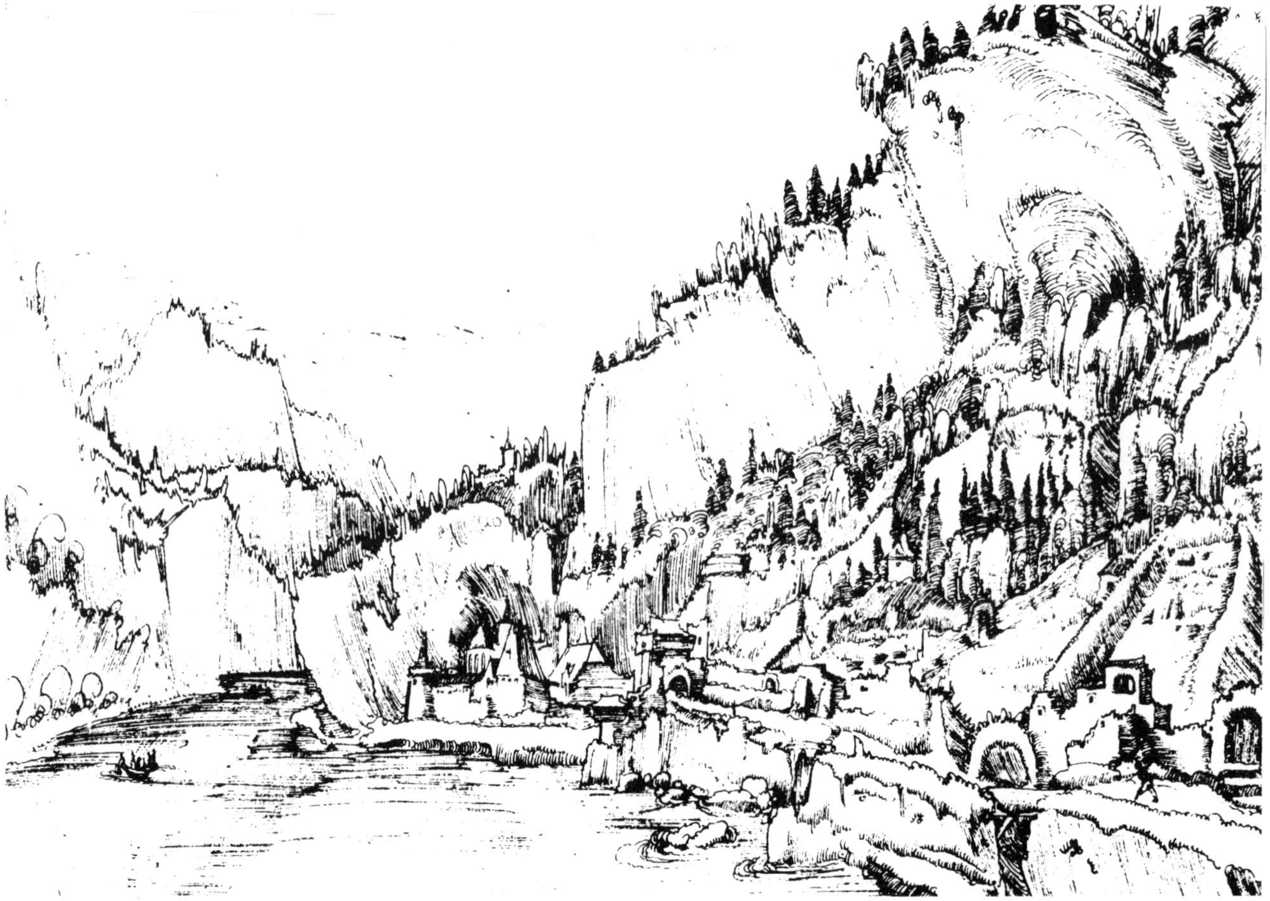

Albrecht Altdorfer (1480–1538)

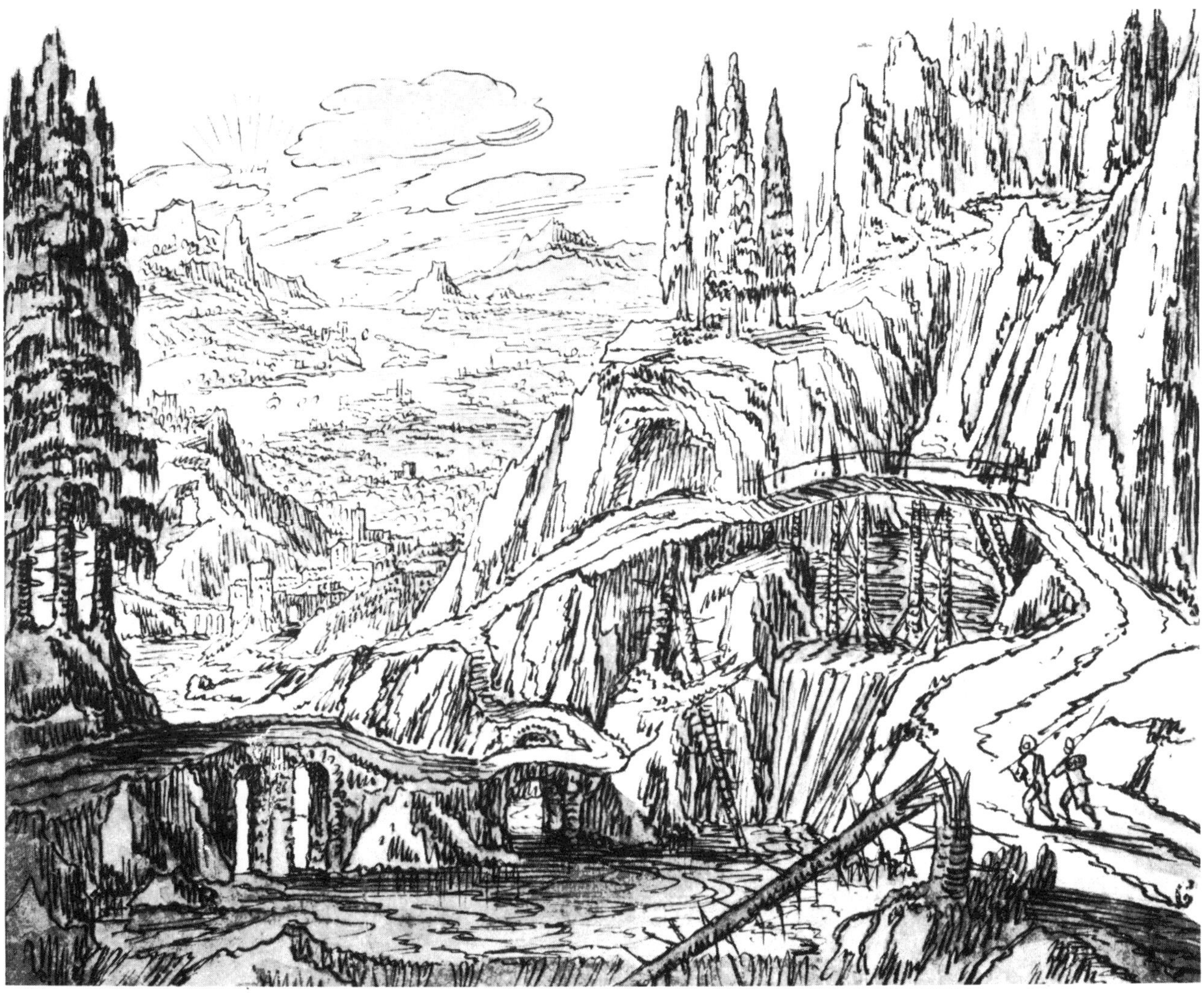

Adriaen Verboom, 17. Jhd.

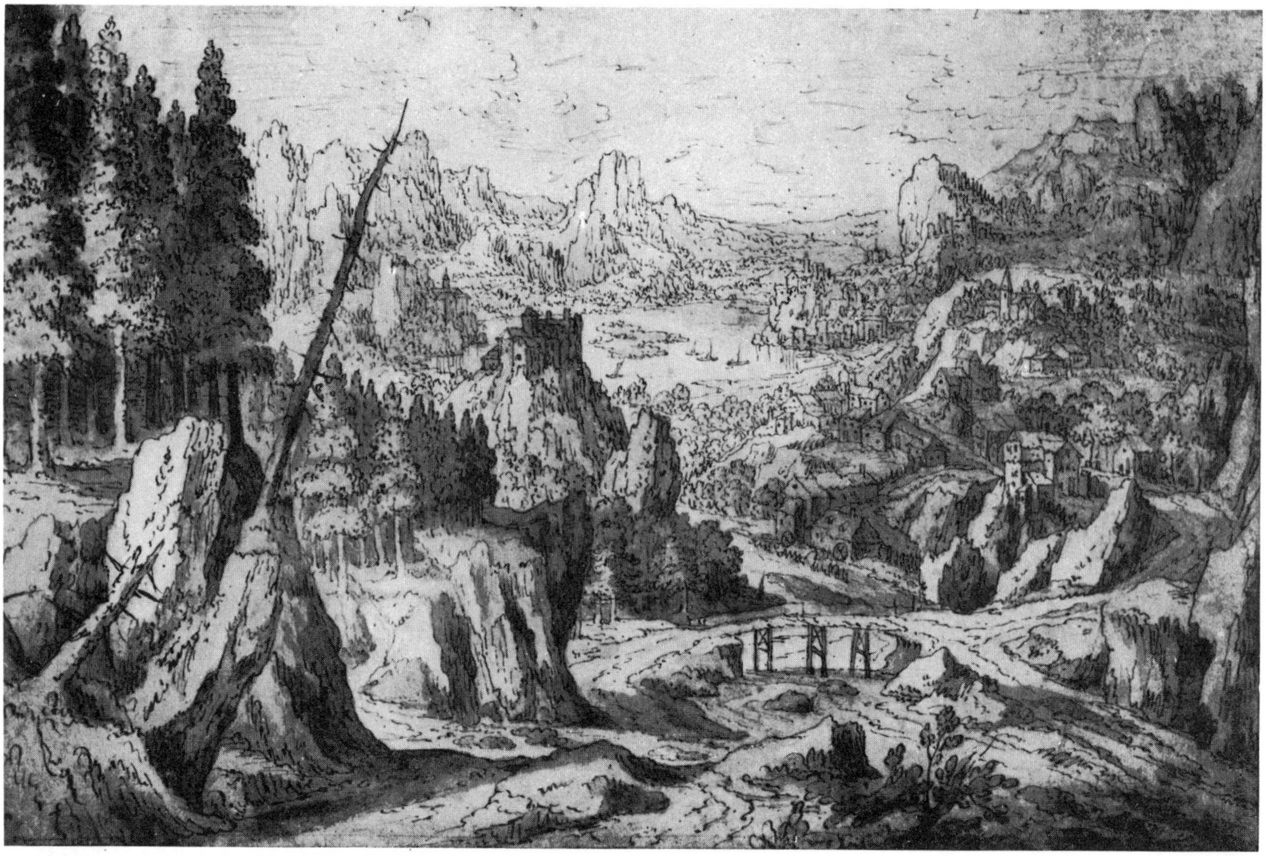

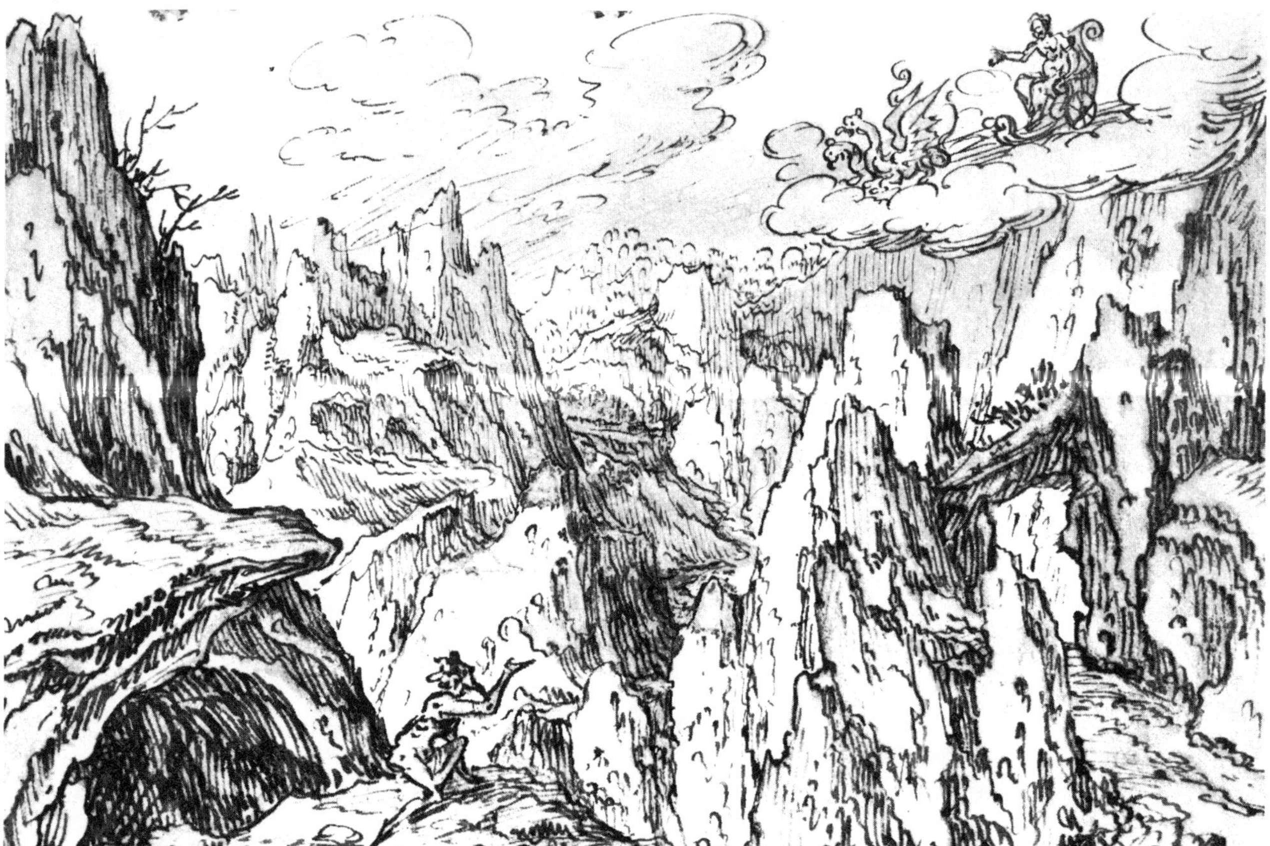

Tobias Verhaecht, 17. Jhd.

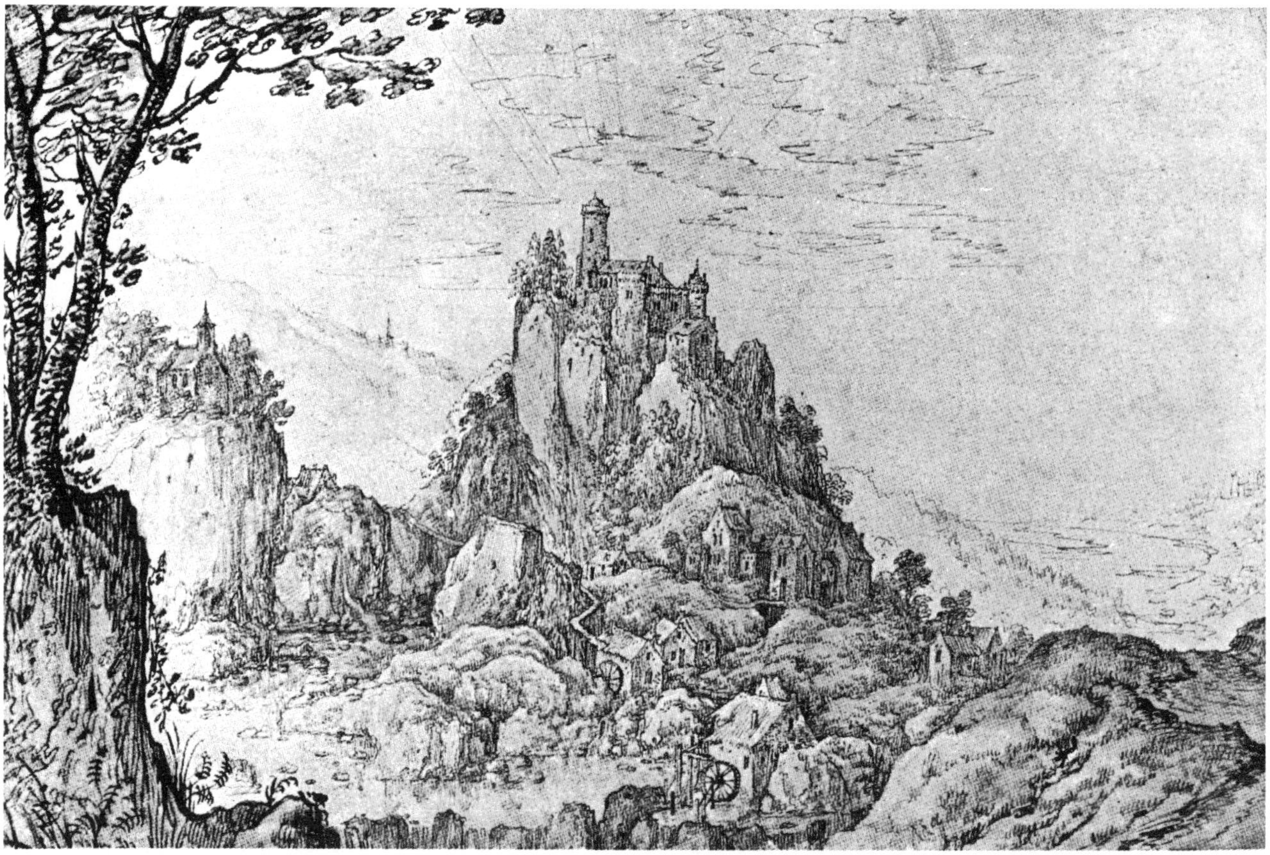

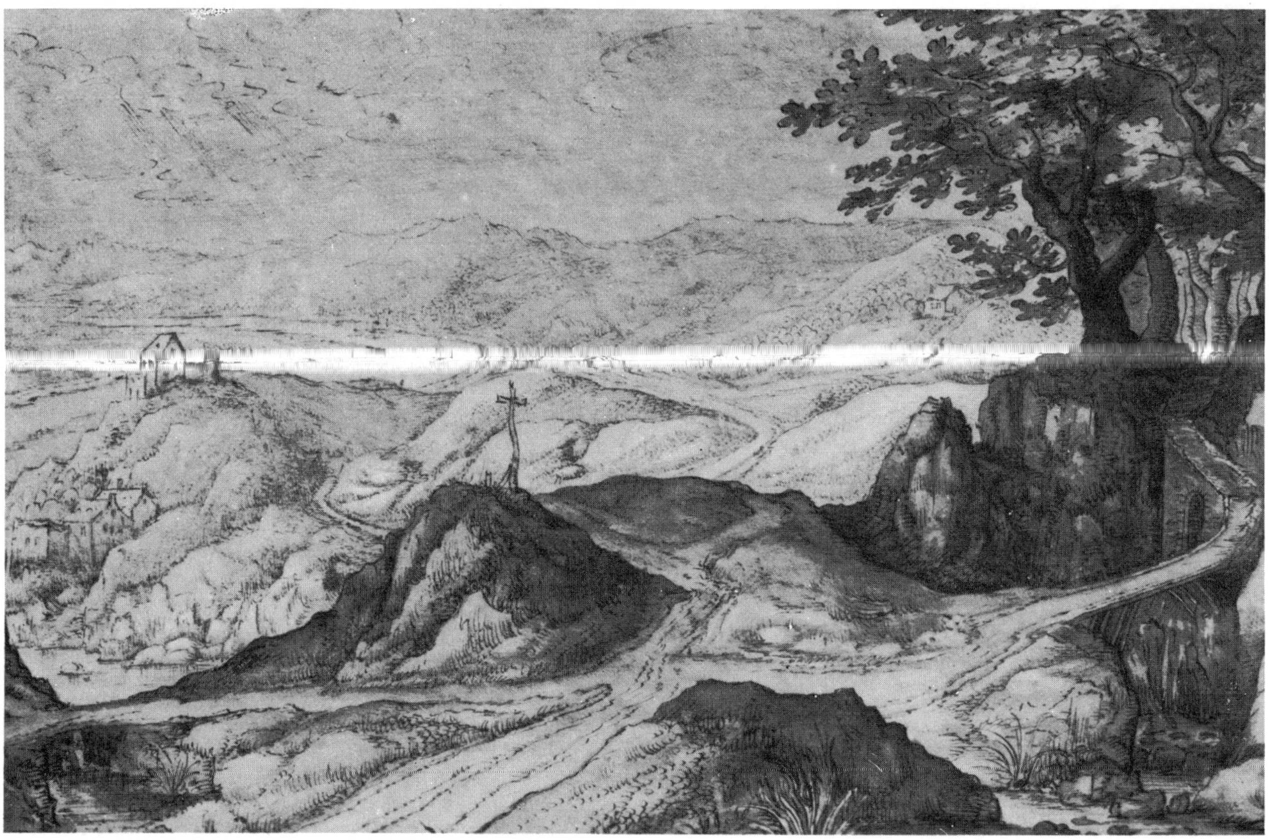

Joost de Momper, 17. Jhd.

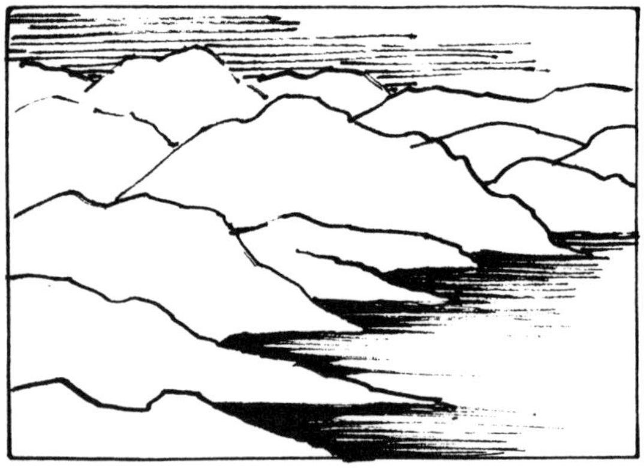

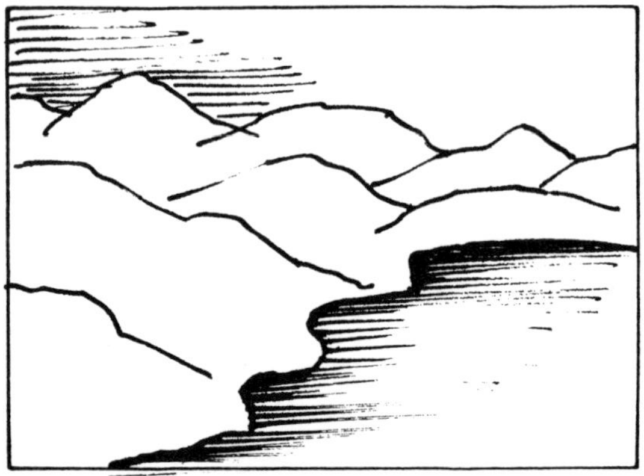

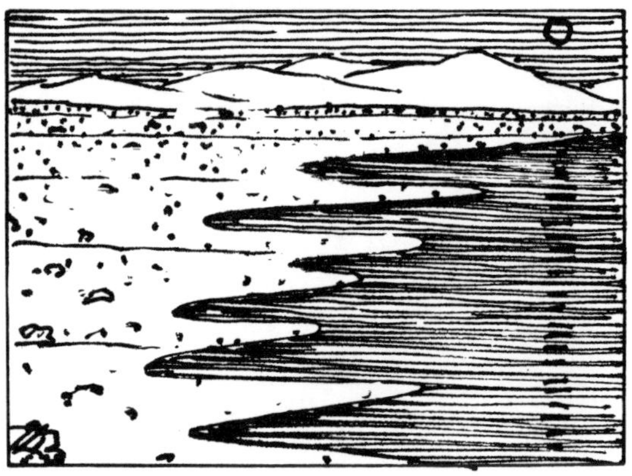

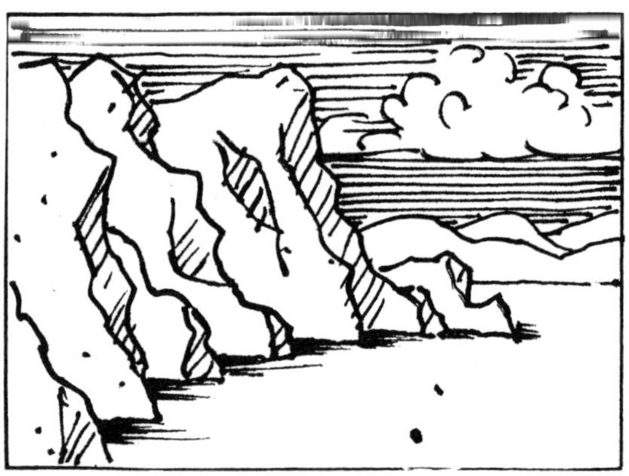

Die Linie von Seen, die Küstenlinie des Meeres ist oft schwer zu erfassen, weil unser Auge nicht die Verkürzungen wahrnimmt, sondern sie automatisch in reale Räumlichkeit umrechnet. Das zweite Beispiel von oben zeigt den zeichnerischen „Fehler“, der dadurch zustande kommen kann. Versuchen Sie, in den Kästen weiterzuzeichnen.

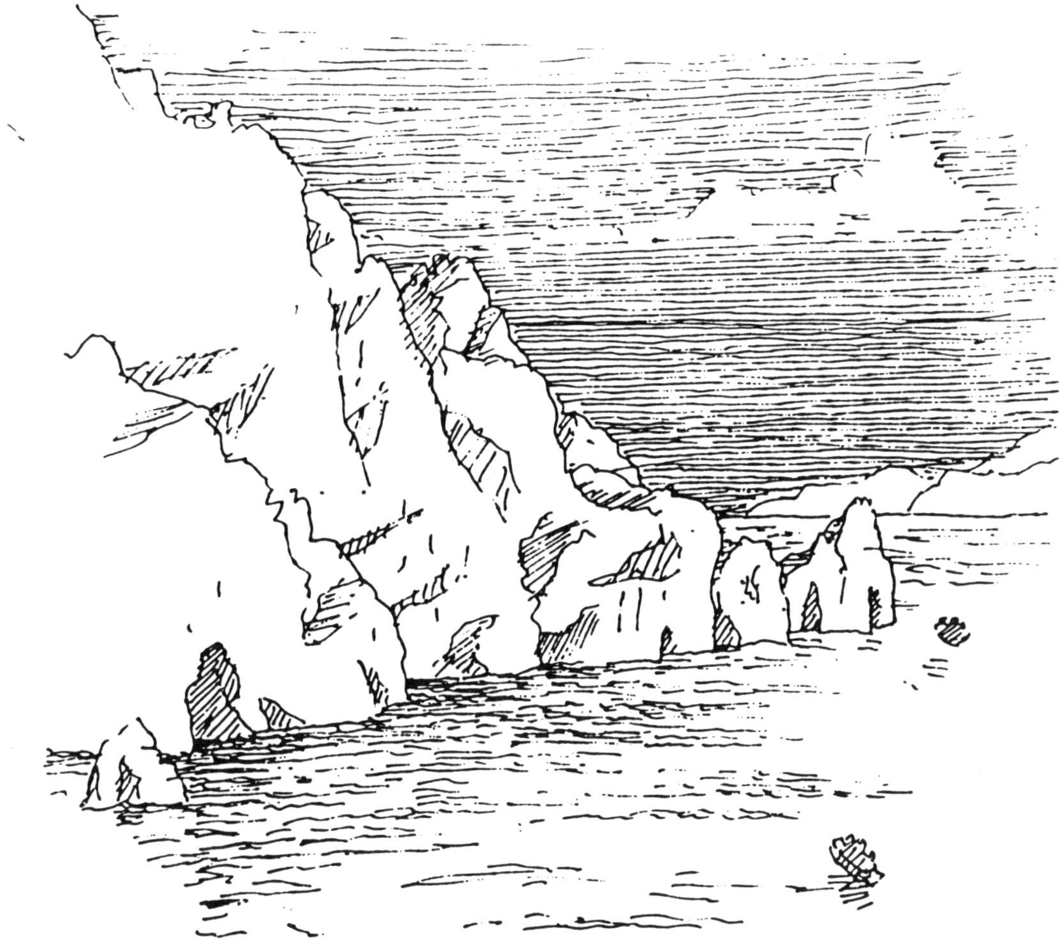

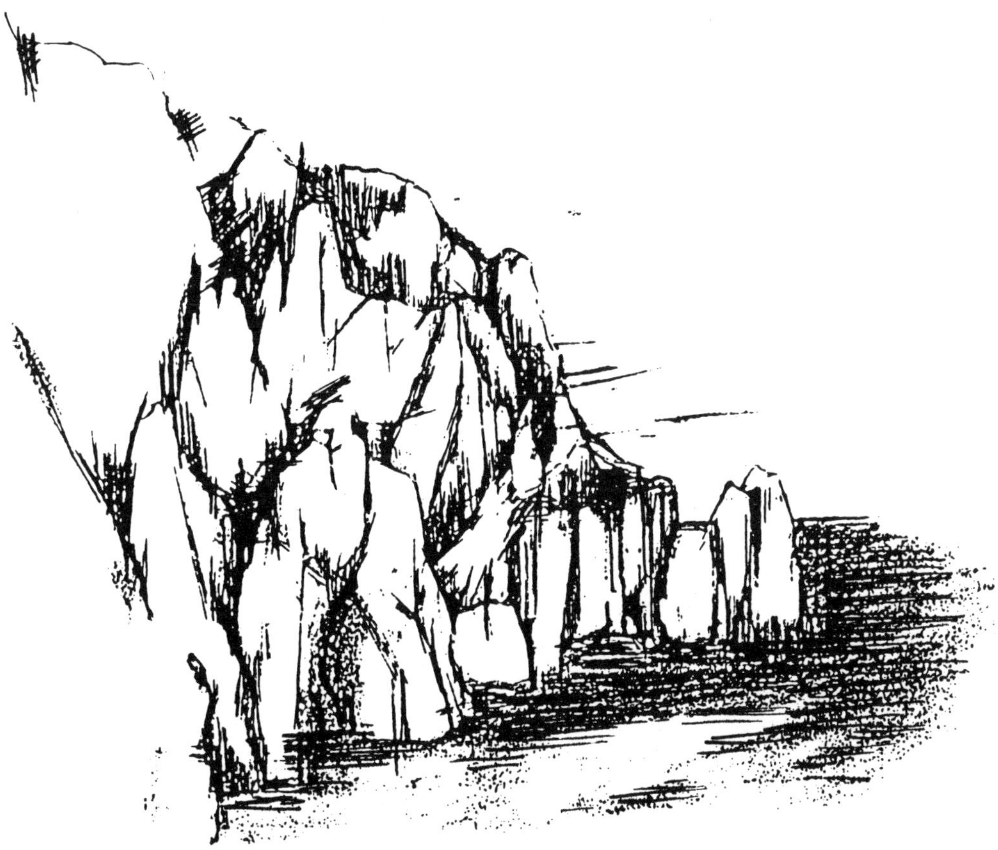

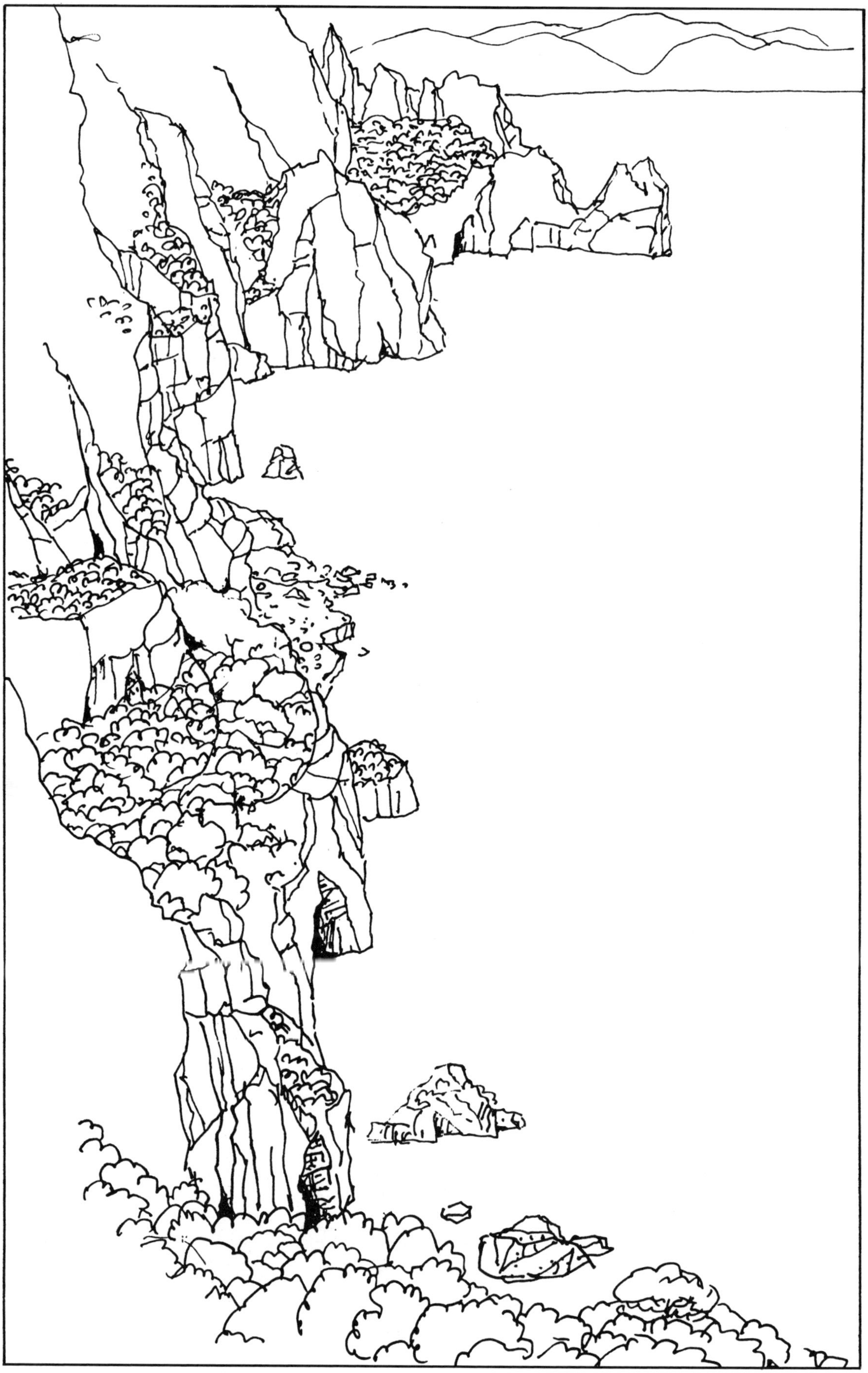

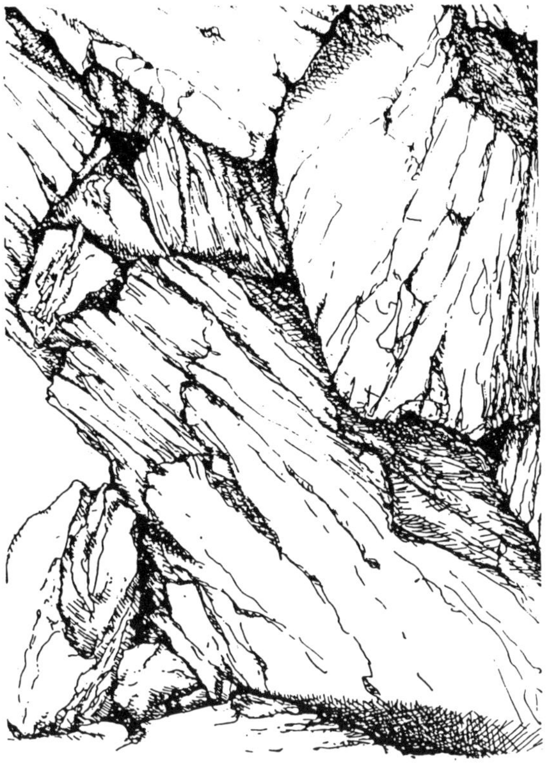
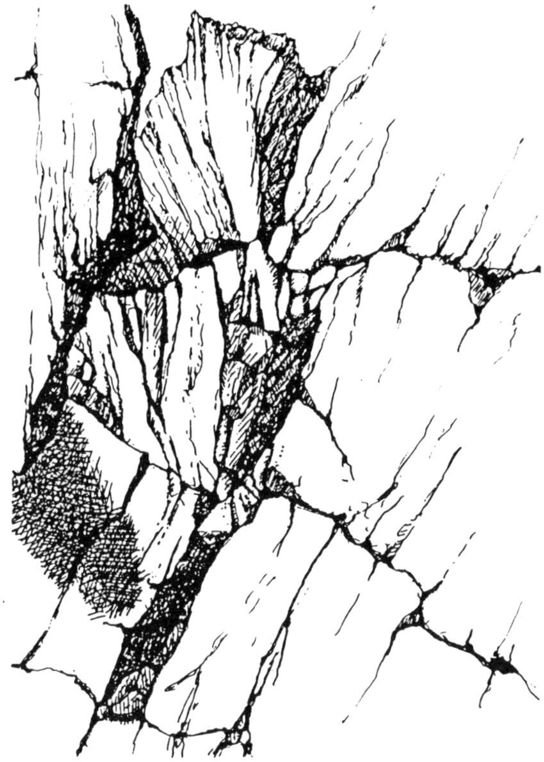
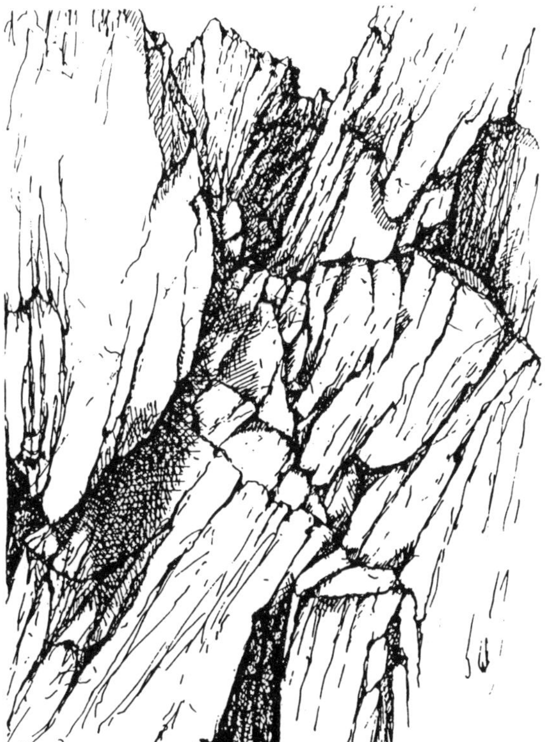
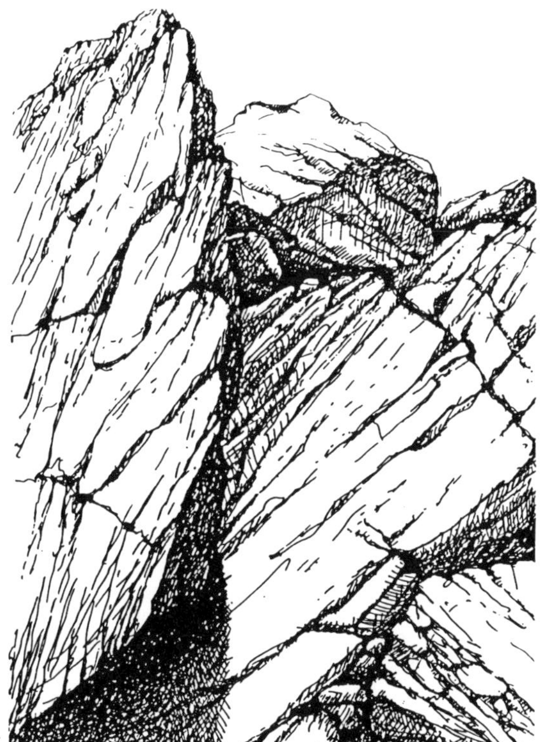

Bäume

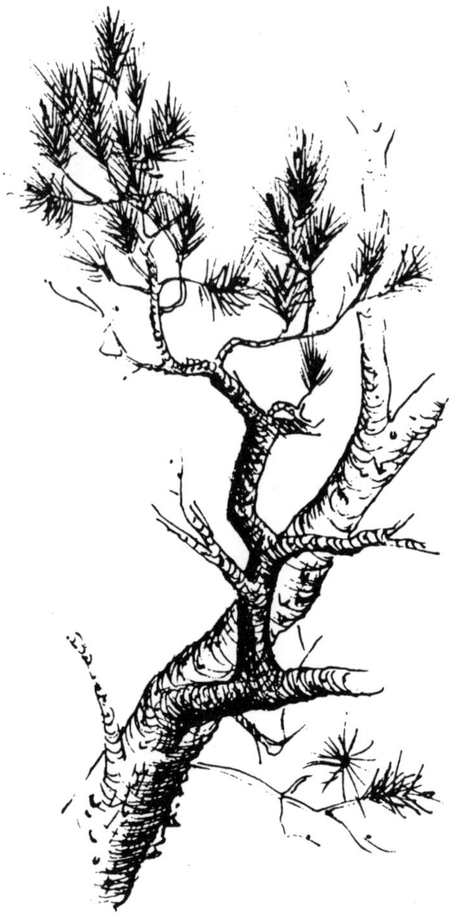

Bäume sind die häufigsten Bereicherungselemente unserer Landschaft. Deshalb lohnt es sich besonders, sich mit ihnen zeichnerisch auseinanderzusetzen. Die hier u. a. gebrachten chinesischen Beispiele stammen aus dem Lehrbuch für Malerei „Der Senfkorngarten“ (Ende des 17. Jahrhunderts). Hier werden präzise Übungsbeispiele geboten. Da wir in unserer Kultur nicht gewohnt sind, mit dem Pinsel zu schreiben, ist es angemessener, die Beispiele mit unseren Zeichenmaterialien zu üben und sie entsprechend zu verändern. Jeder Baum hat hier einen eigenen Charakter. Diesen gilt es zu erfassen. Beim Baumzeichnen nimmt unser Auge es besonders übel, wenn gegen eine Gesetzmäßigkeit verstoßen wird: Vom Stamm zu den Zweigen werden die Glieder des Baumes immer etwas dünner. Darauf muß man sehr achten.

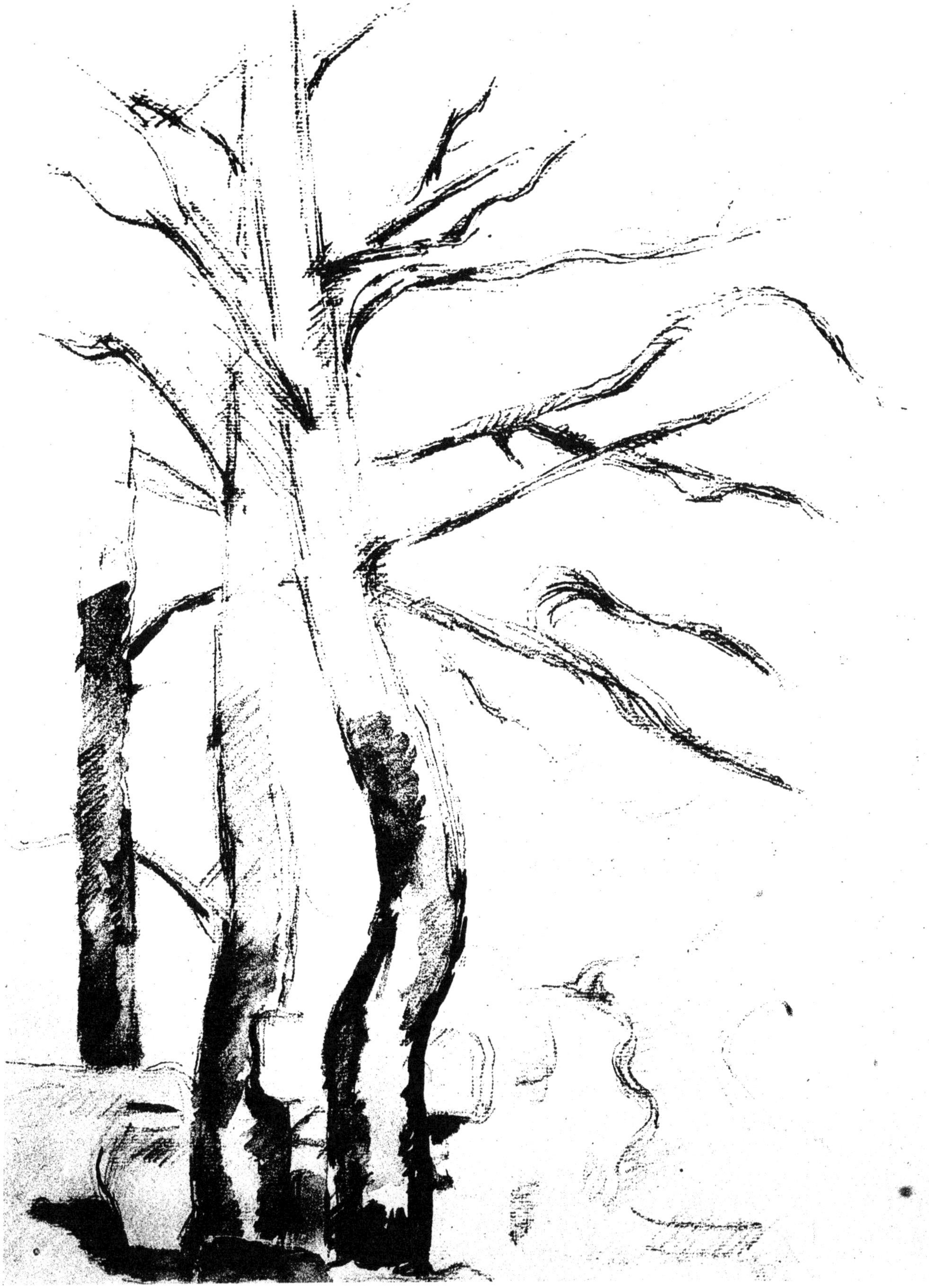

Paul Cézanne (1839–1906)

Albrecht Dürer (1471–1528)

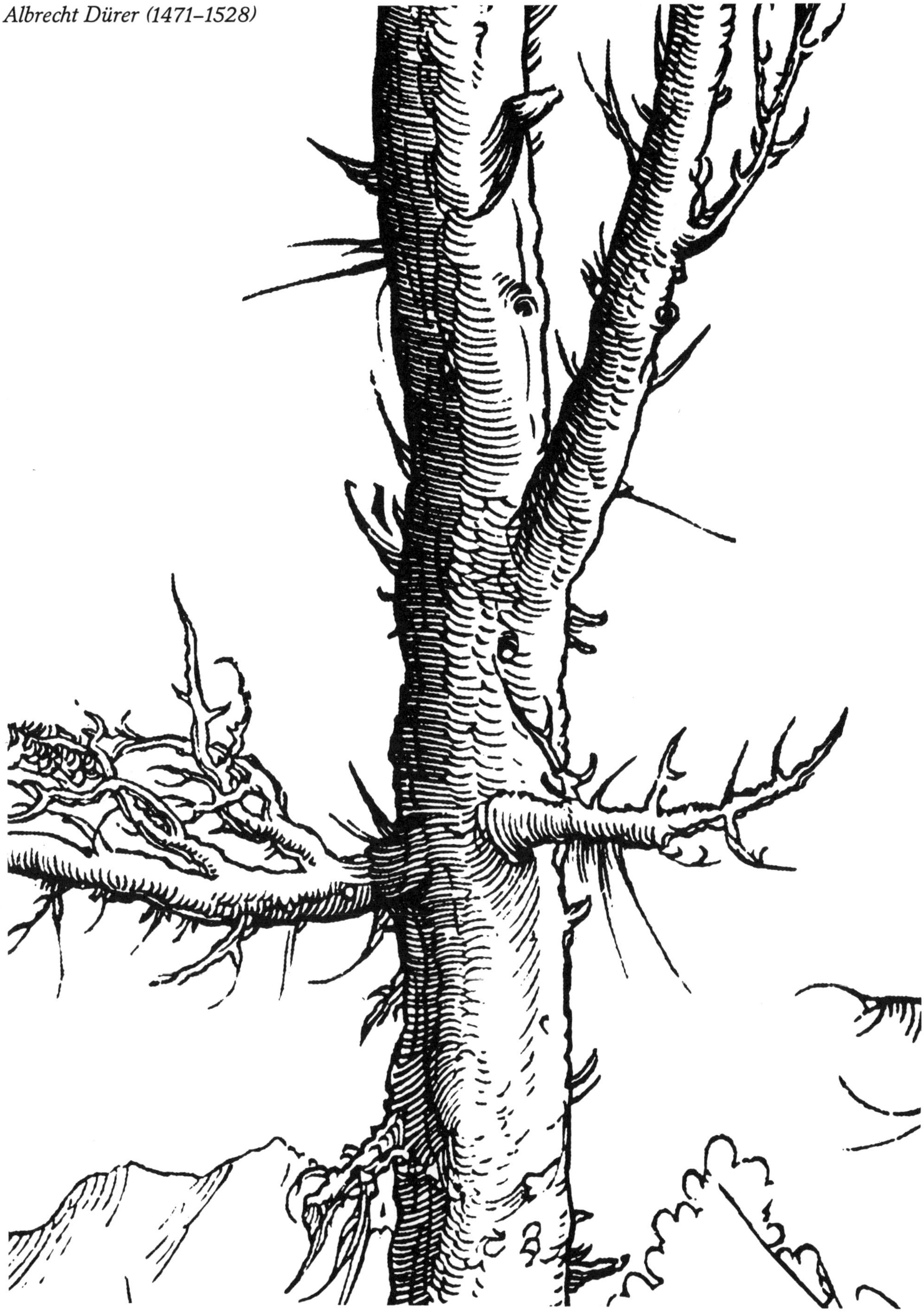

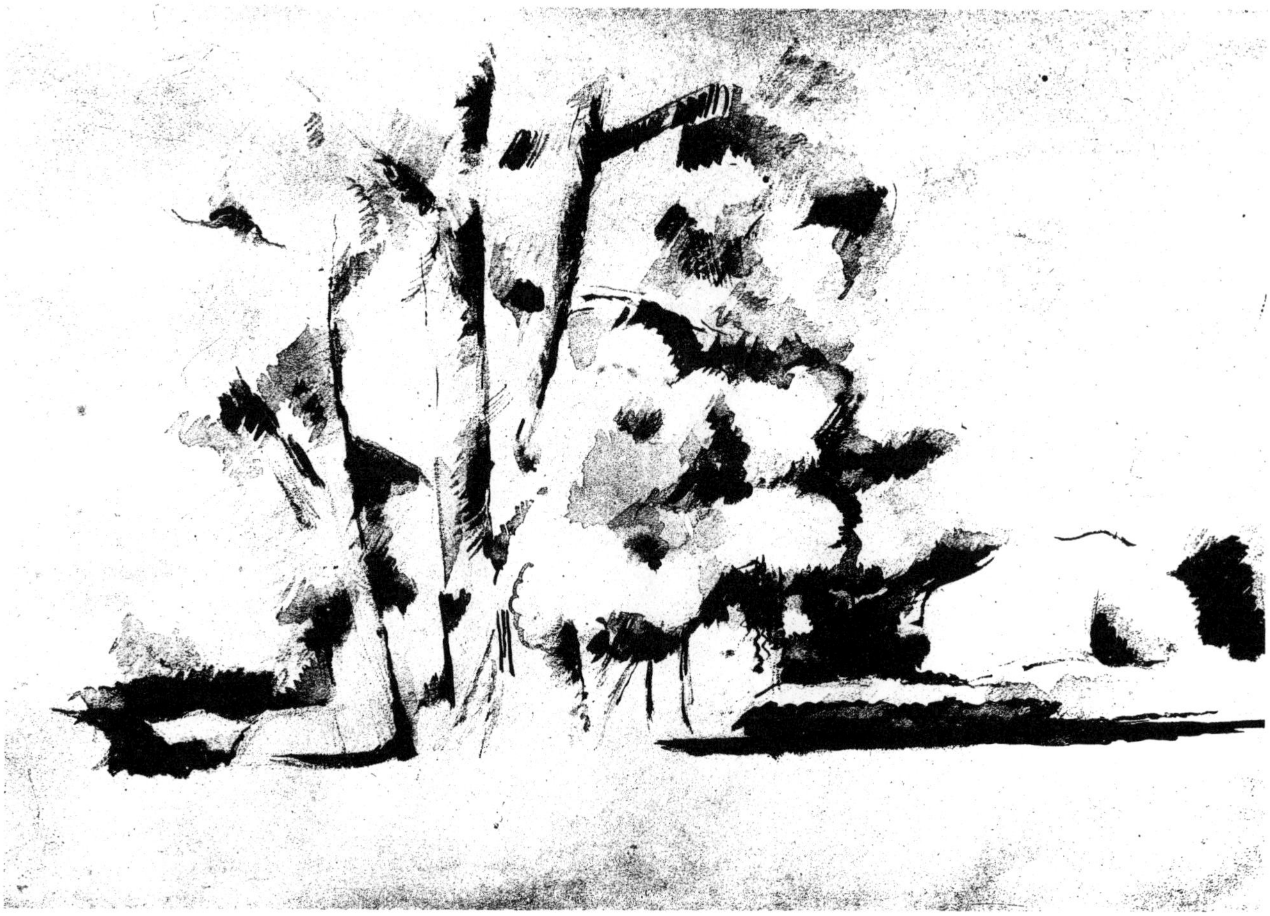

Paul Cézanne

Lassen Sie sich von den Beispielen zu eigenen Zeichenübungen anregen.

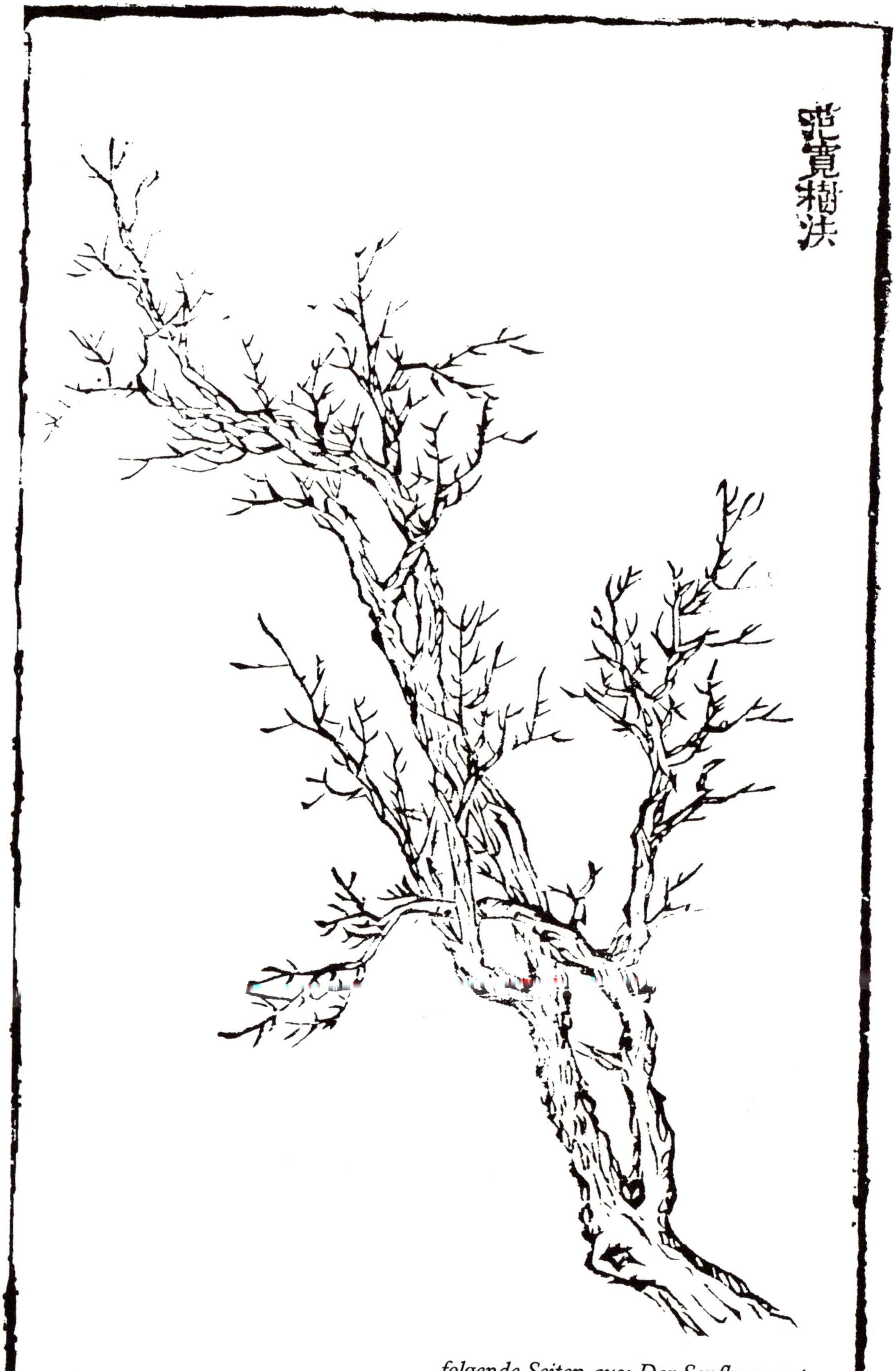

folgende Seiten aus: Der Senfkorngarten

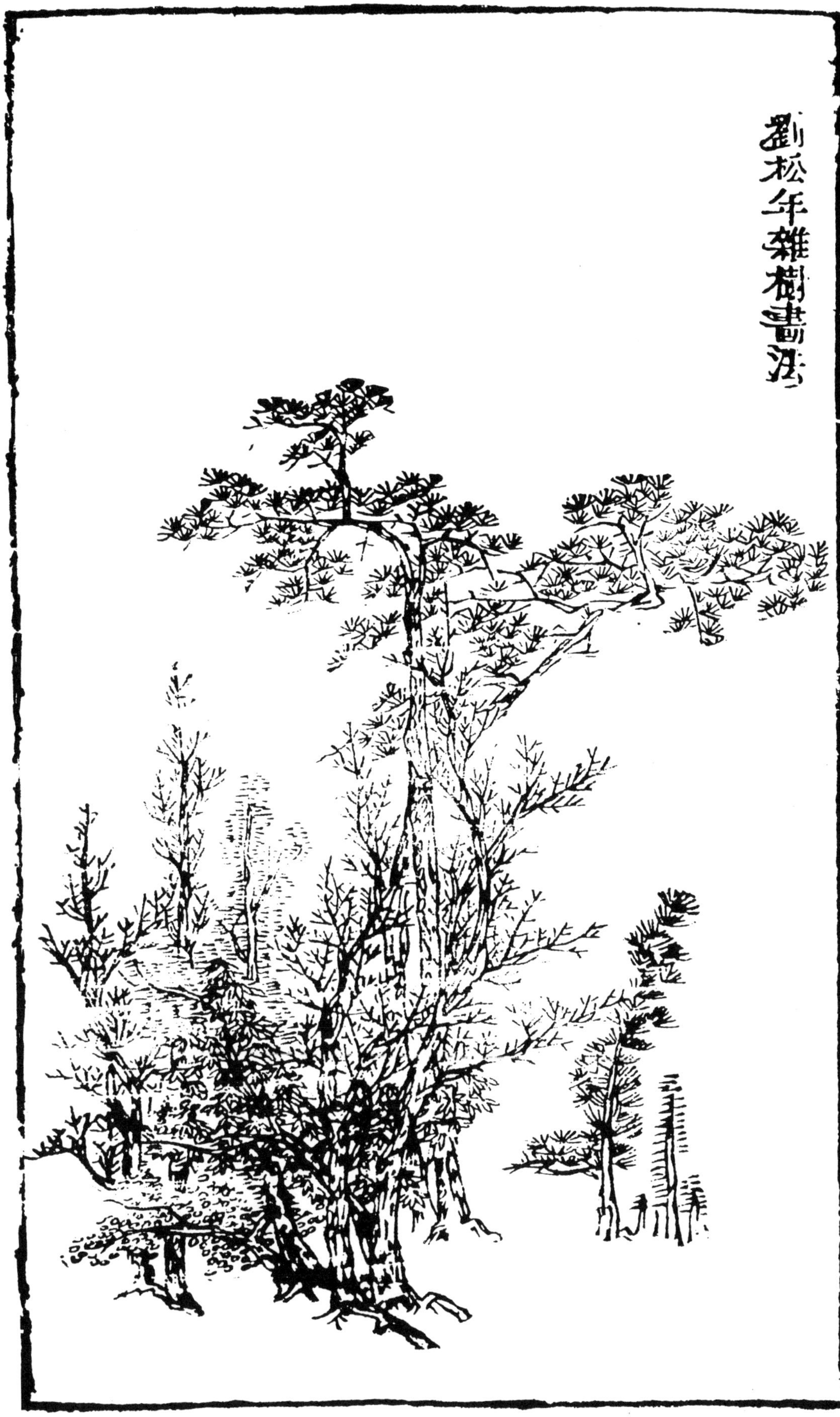

劉松年雜樹畫法

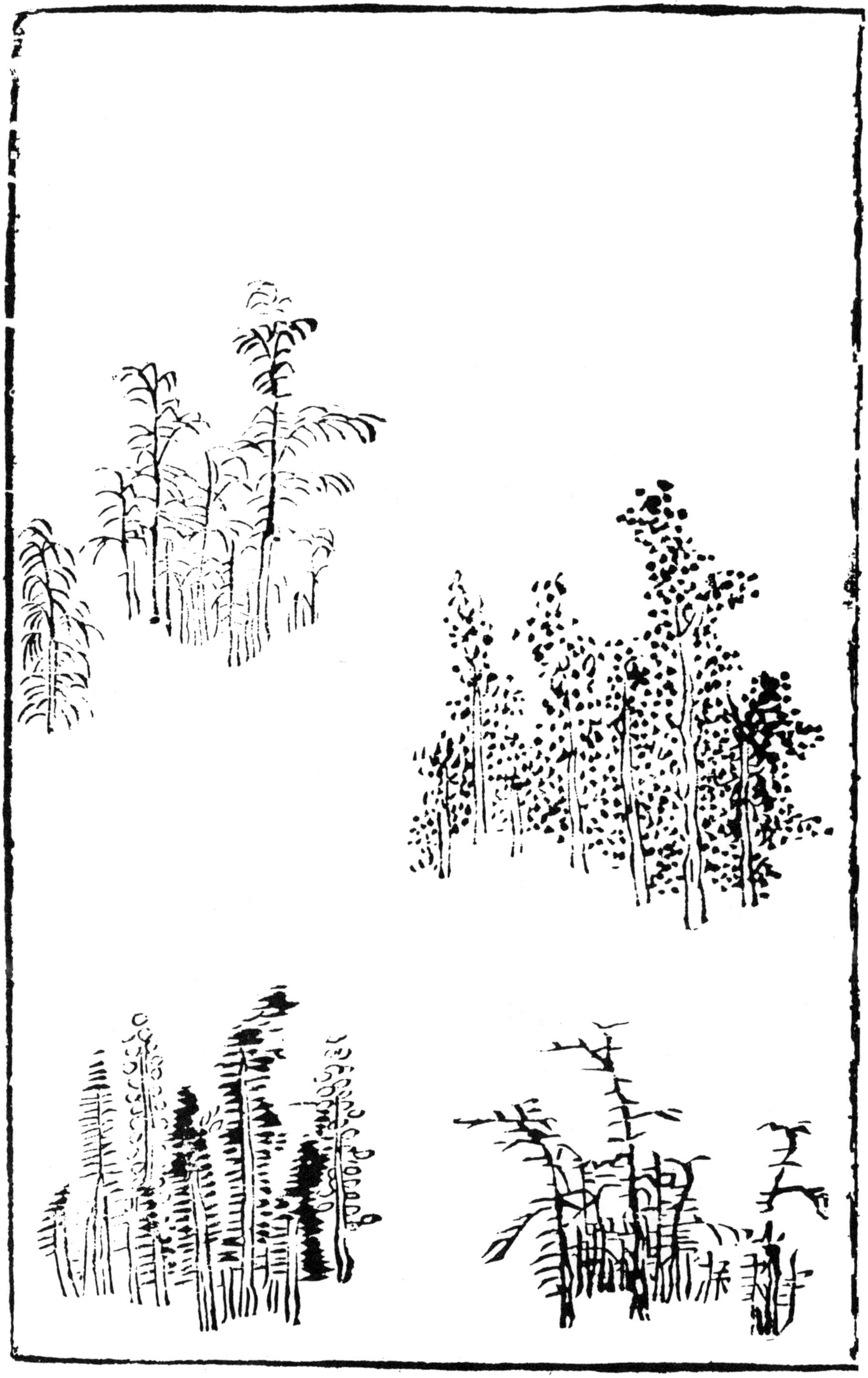

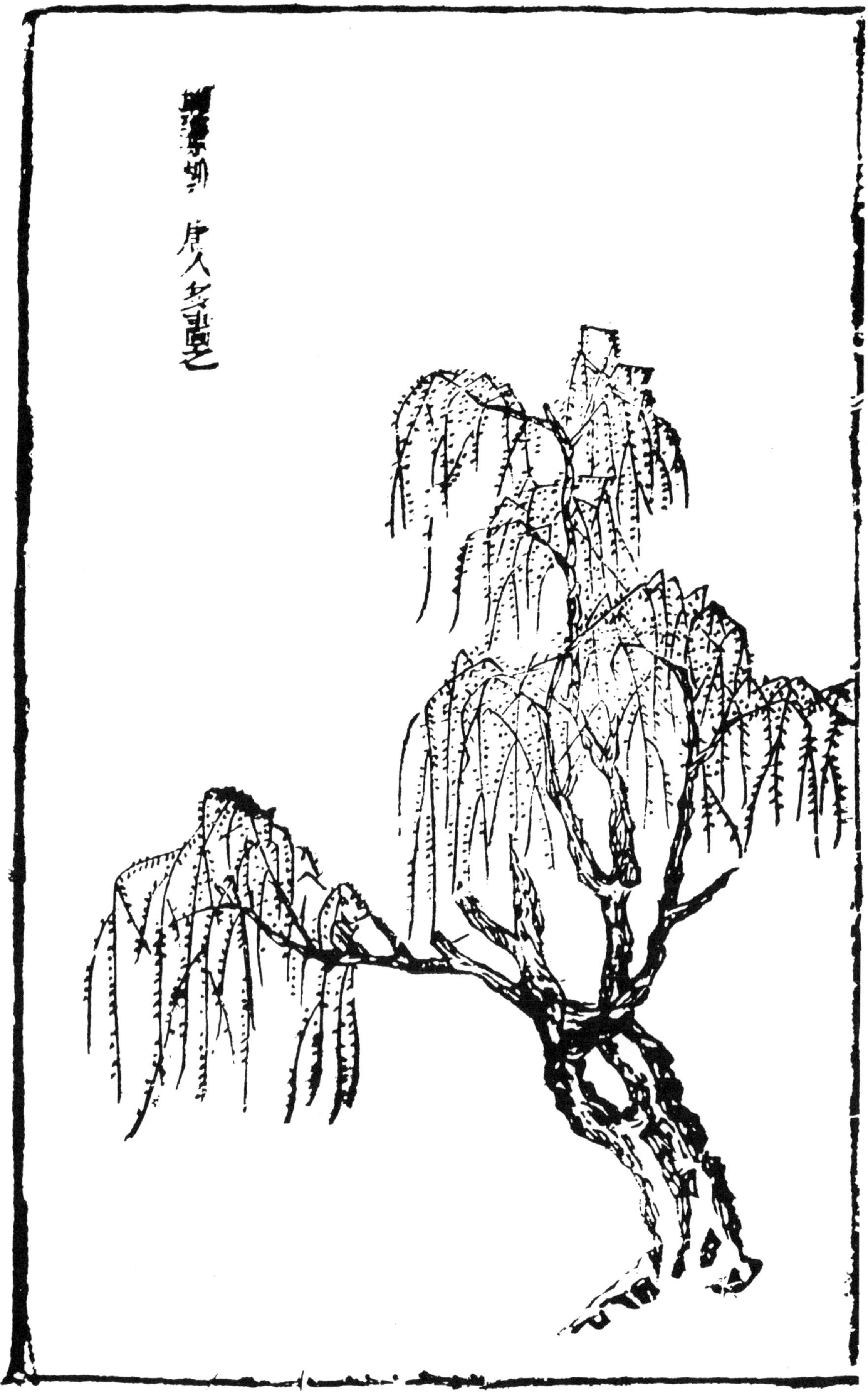
唐人多畫之

蕭照林樹法

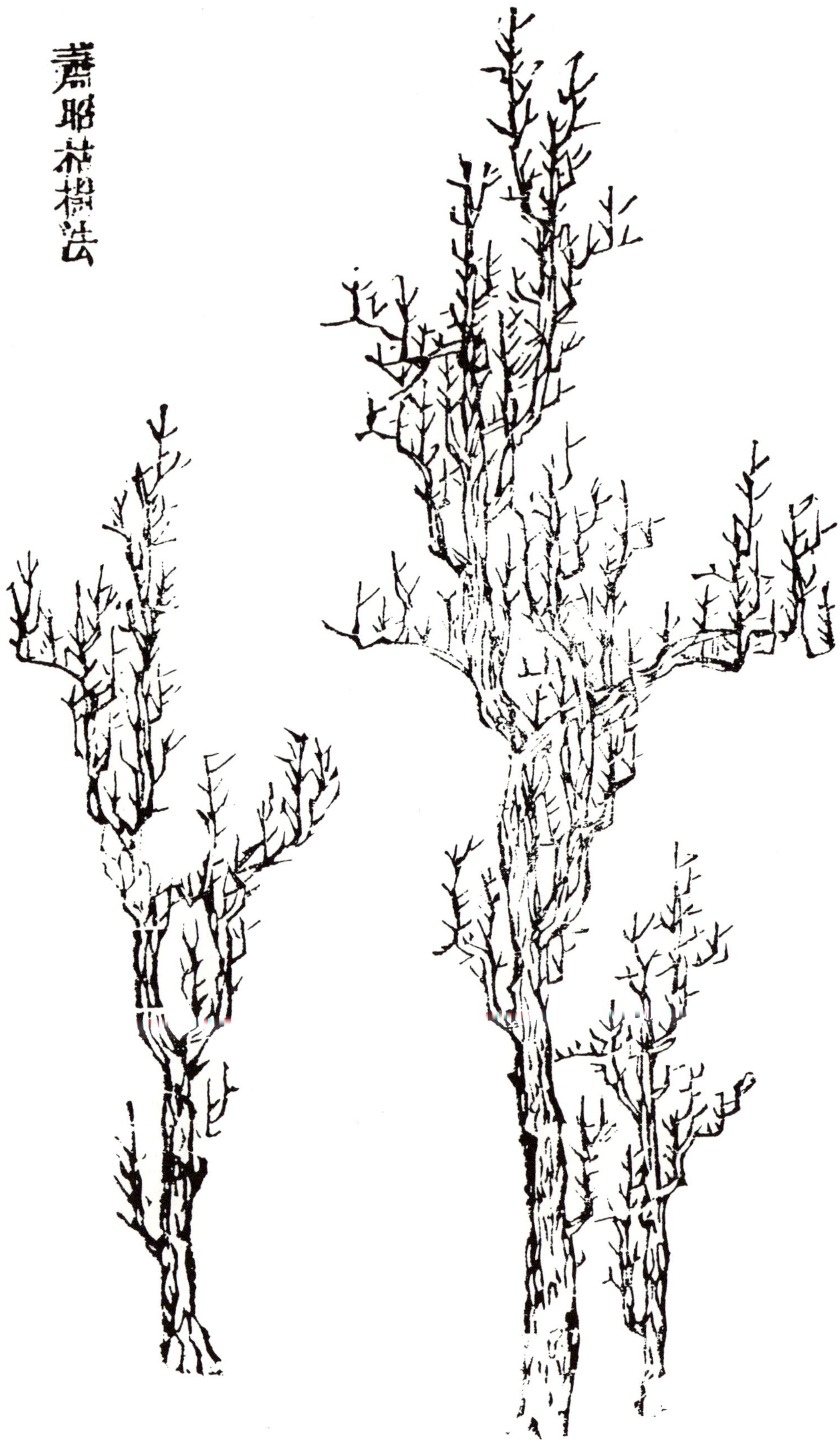

介字間雙勾點

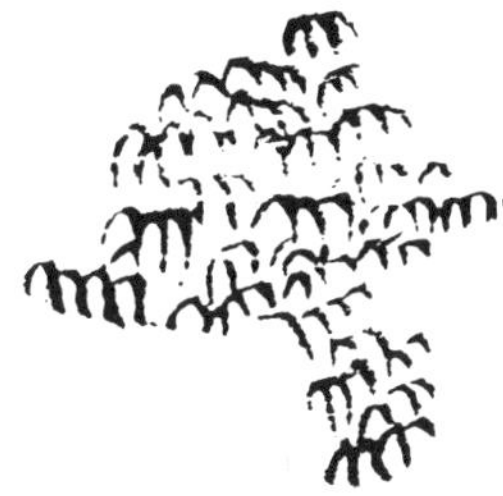

仰葉點

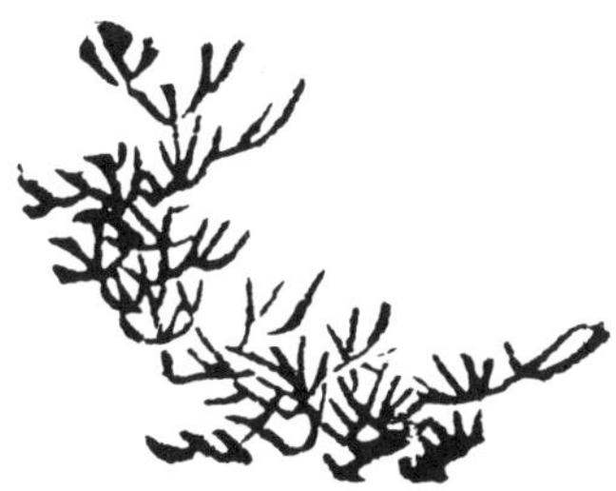

垂葉點

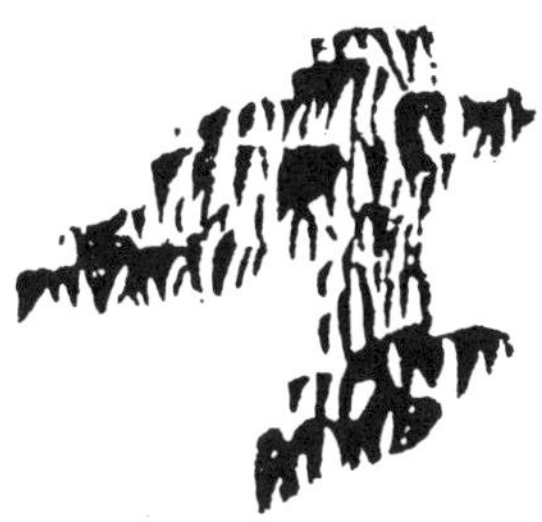

細垂藤點

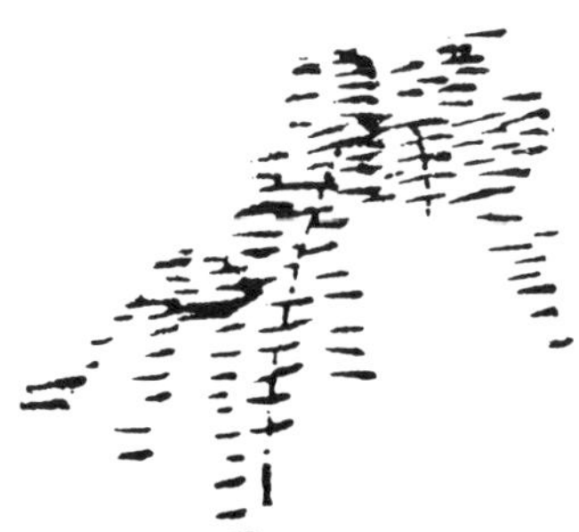

[illegible]筆點

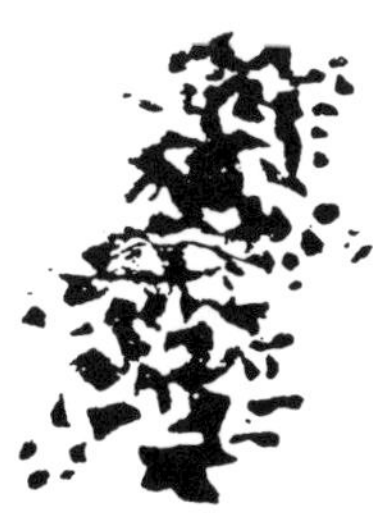

破筆點

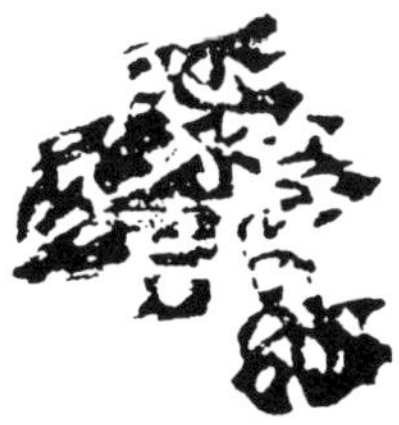

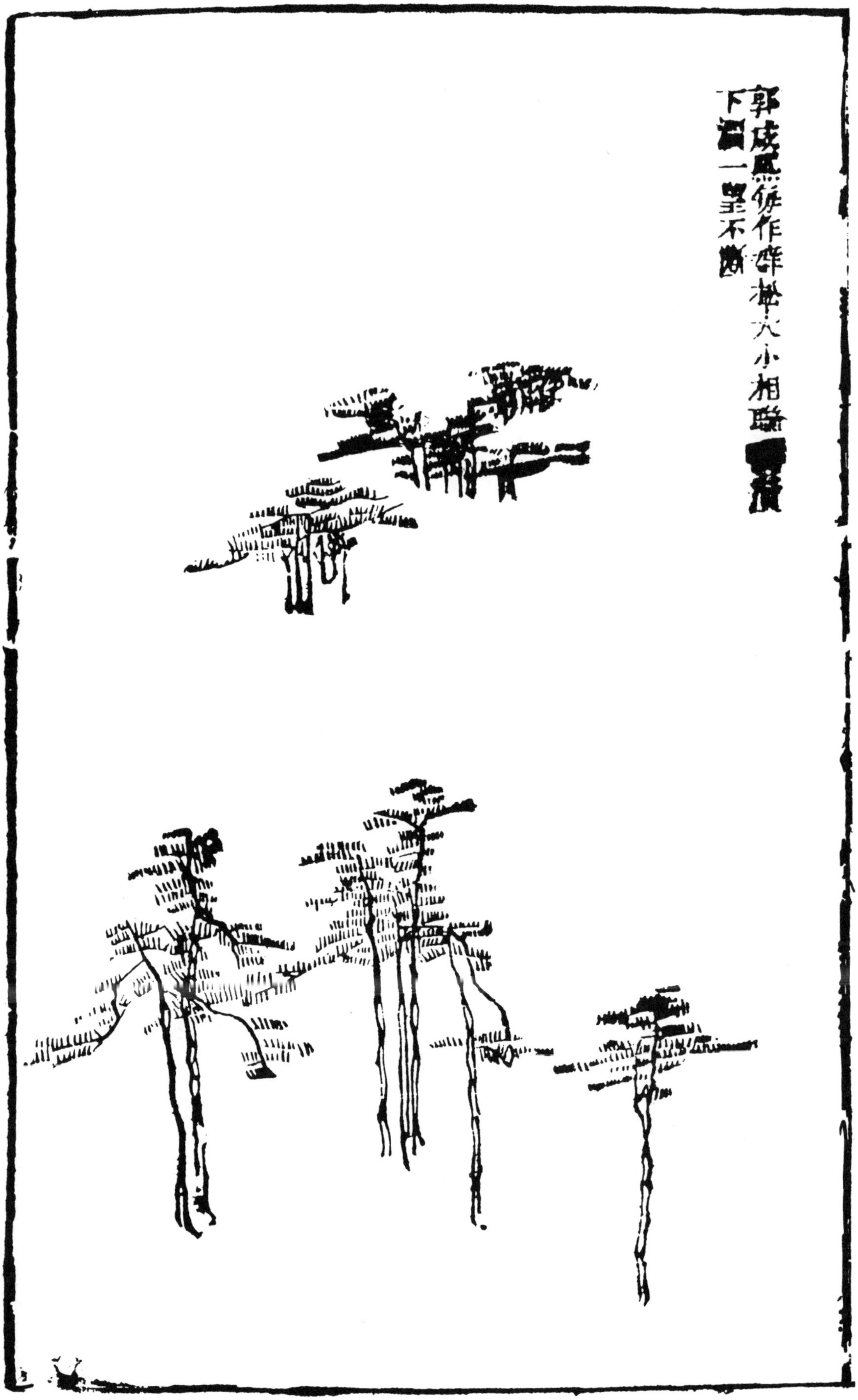
郭咸熙每作群樹大小相聯
下
一望不斷

畫葭菼法

宋時名手如巨然李范諸家皆有漁樂圖此起于烟波釣徒張志和蓋顏魯公贈志和詩而志和自爲畫此唐勝事後人羨之多寫意于漁隱而元季尤盛蓋四大家皆在江南葭菼間習知漁趣故也凡他圖則必有主樹至漁樂則烟波爲主樹不能爲之主而主葭菼矣故作此以繼草蟲之後

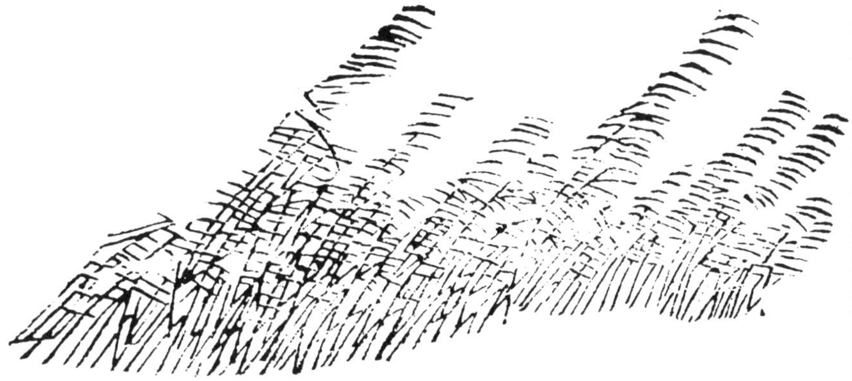

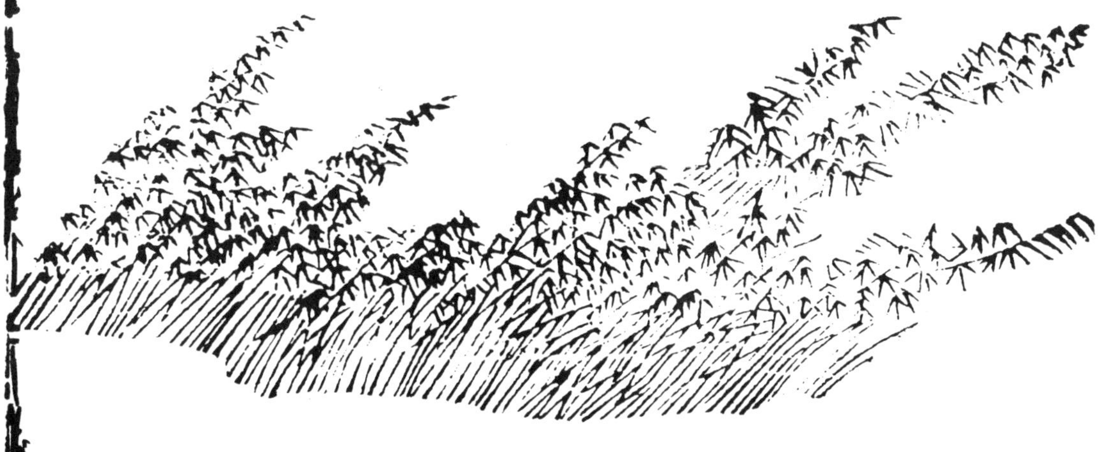

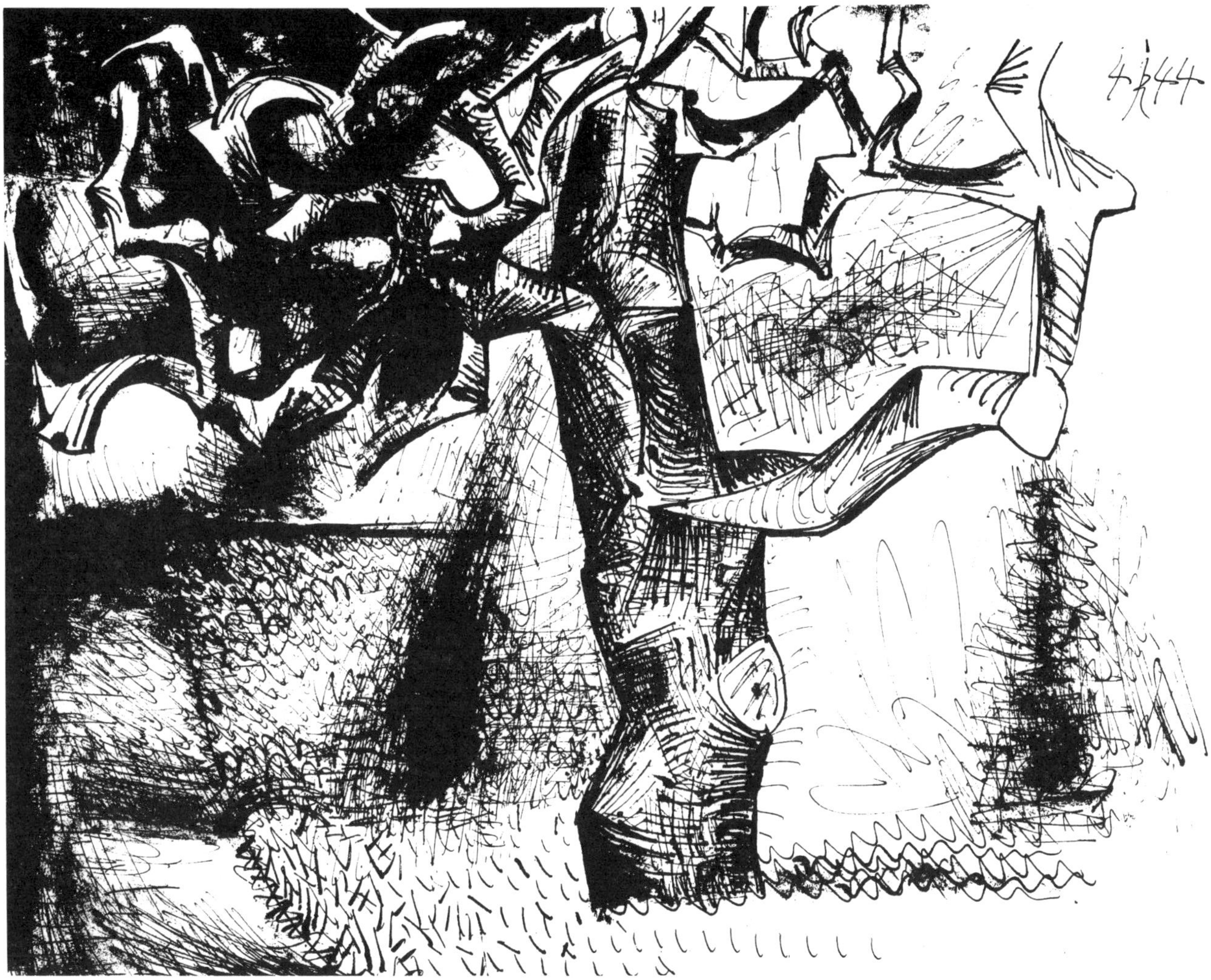

Pablo Picasso (1881–1973)

In der modernen Kunst ist das gegenständliche Motiv oft nur Anlaß für eine graphische freie Erfindung. Paul Klee meint, es käme nicht darauf an, *nach* der Natur zu gestalten, sondern *wie* die Natur. Er läßt graphische Gebilde wie Pflanzen wuchern.

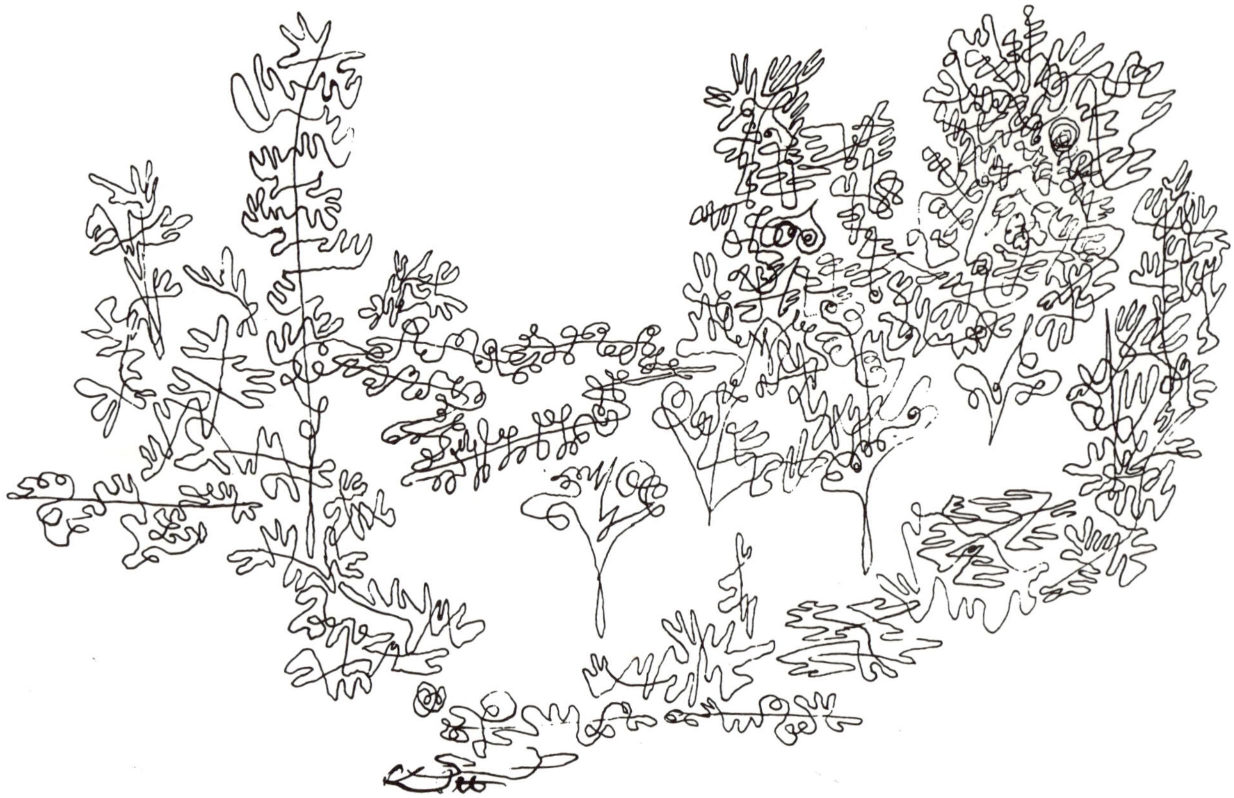

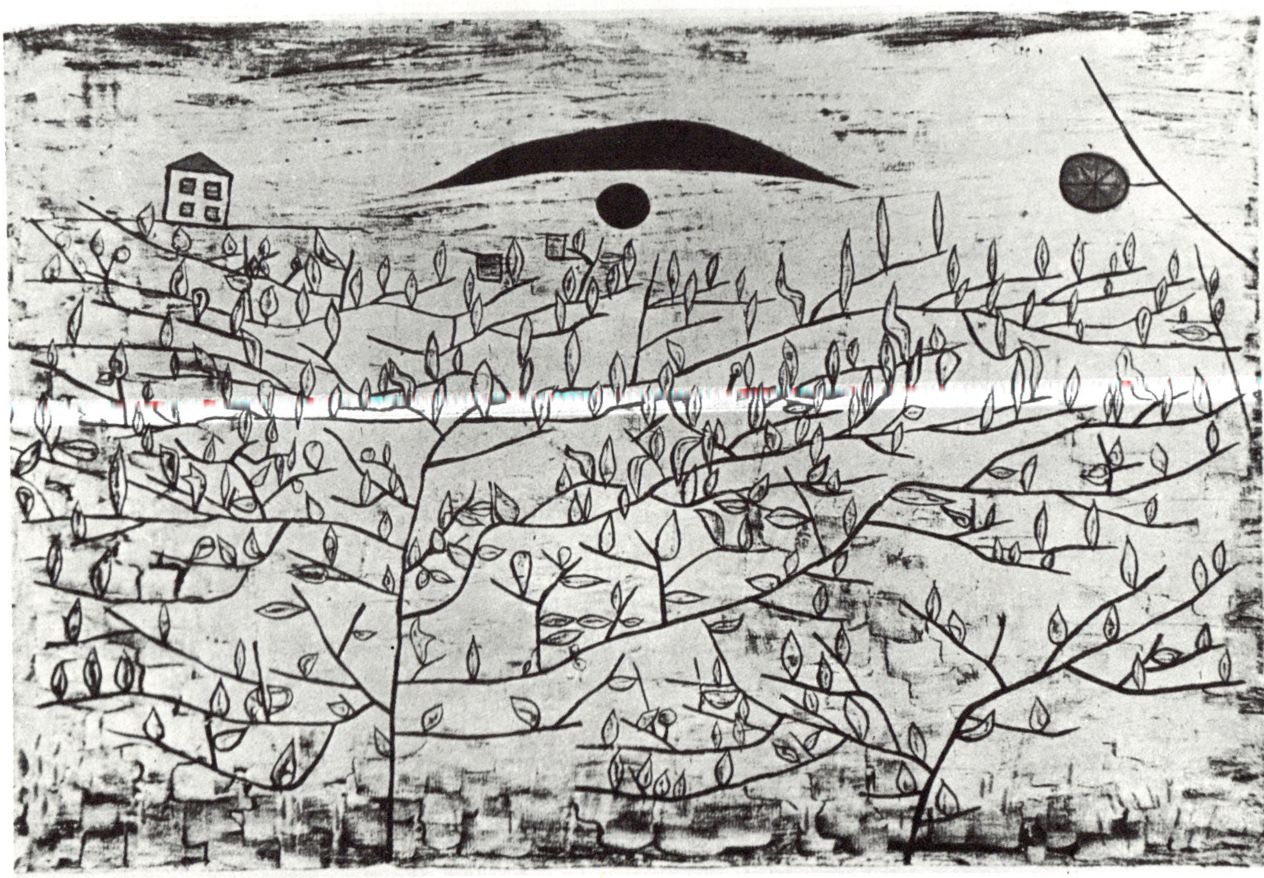

Paul Klee (1879–1940)

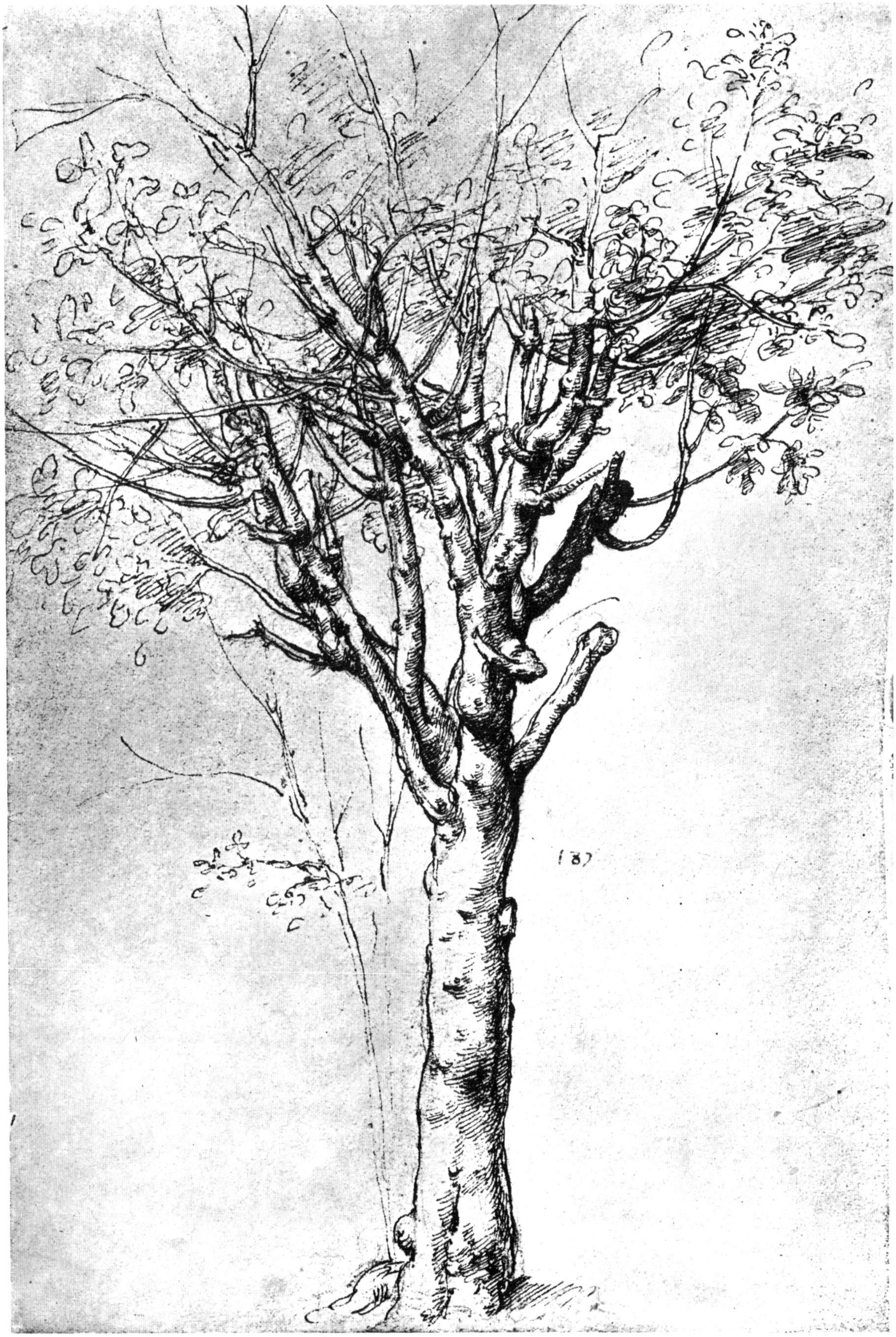

Leonardo da Vinci (1452–1519)

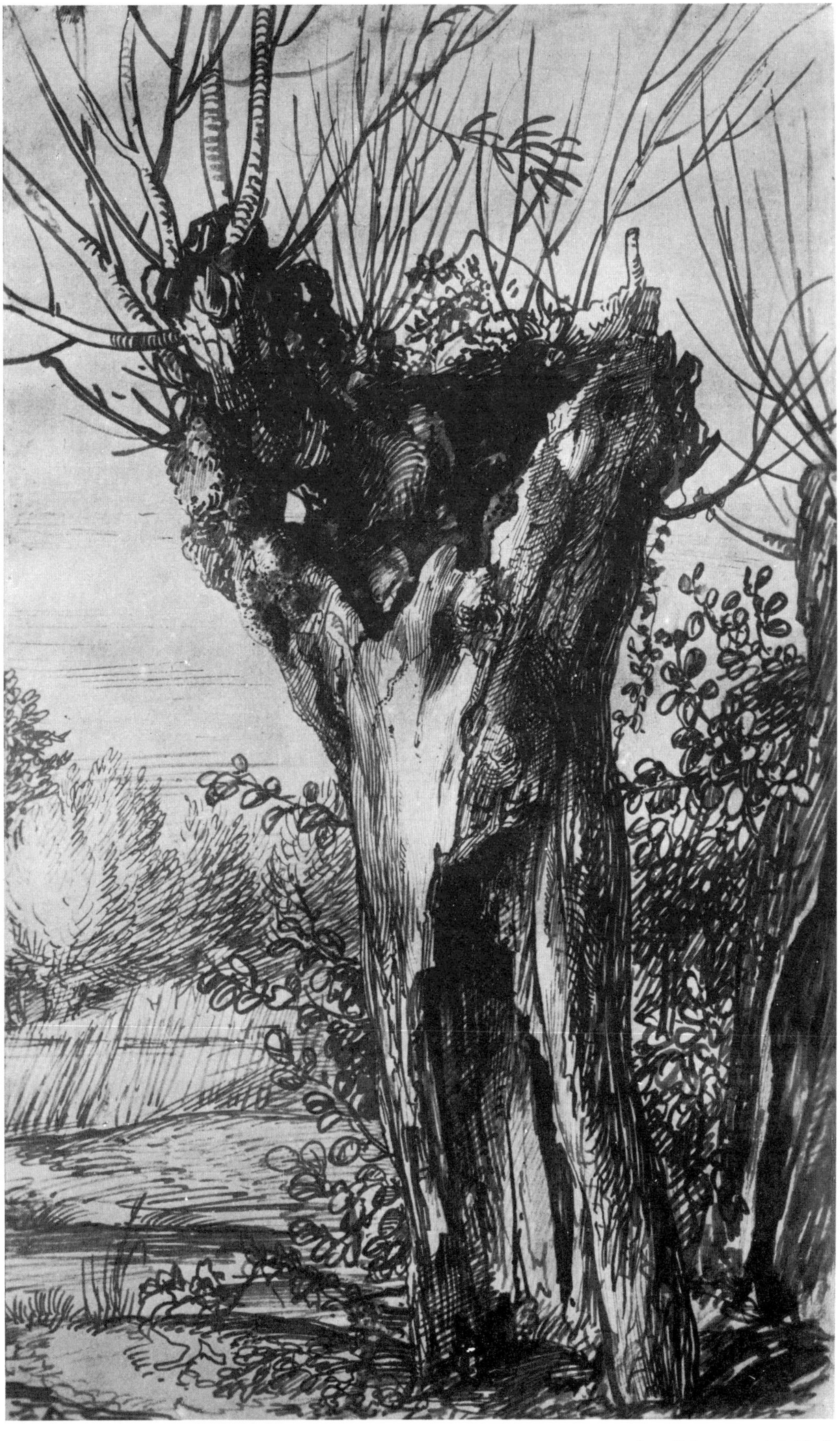

Jan Lievens, 17. Jhd.

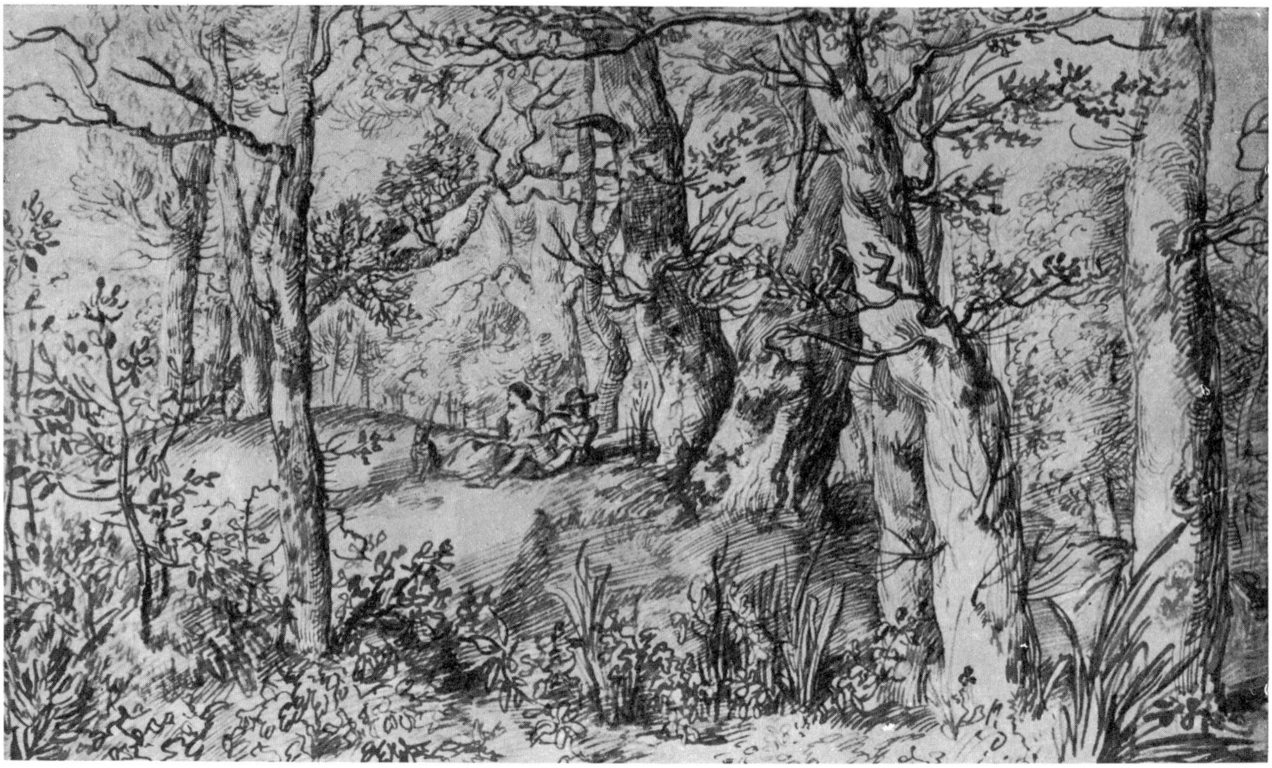

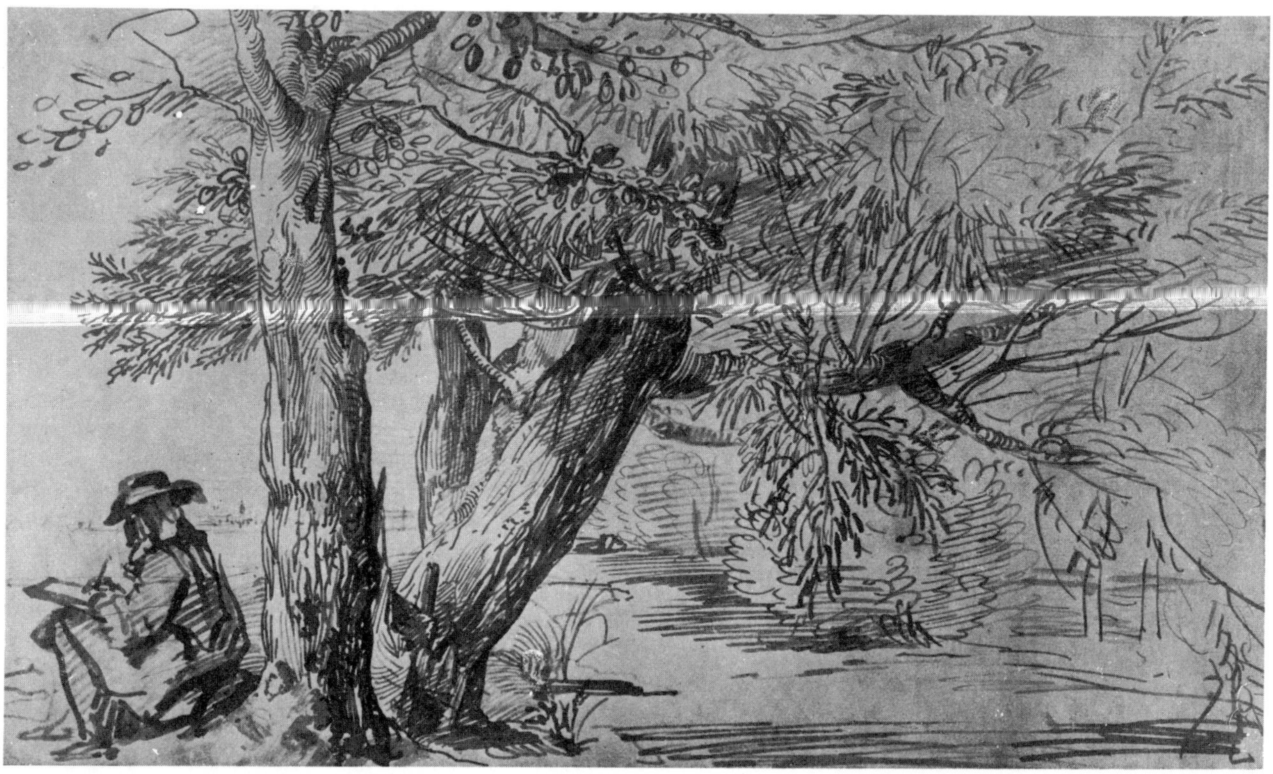

Jan Lievens, 17. Jhd.

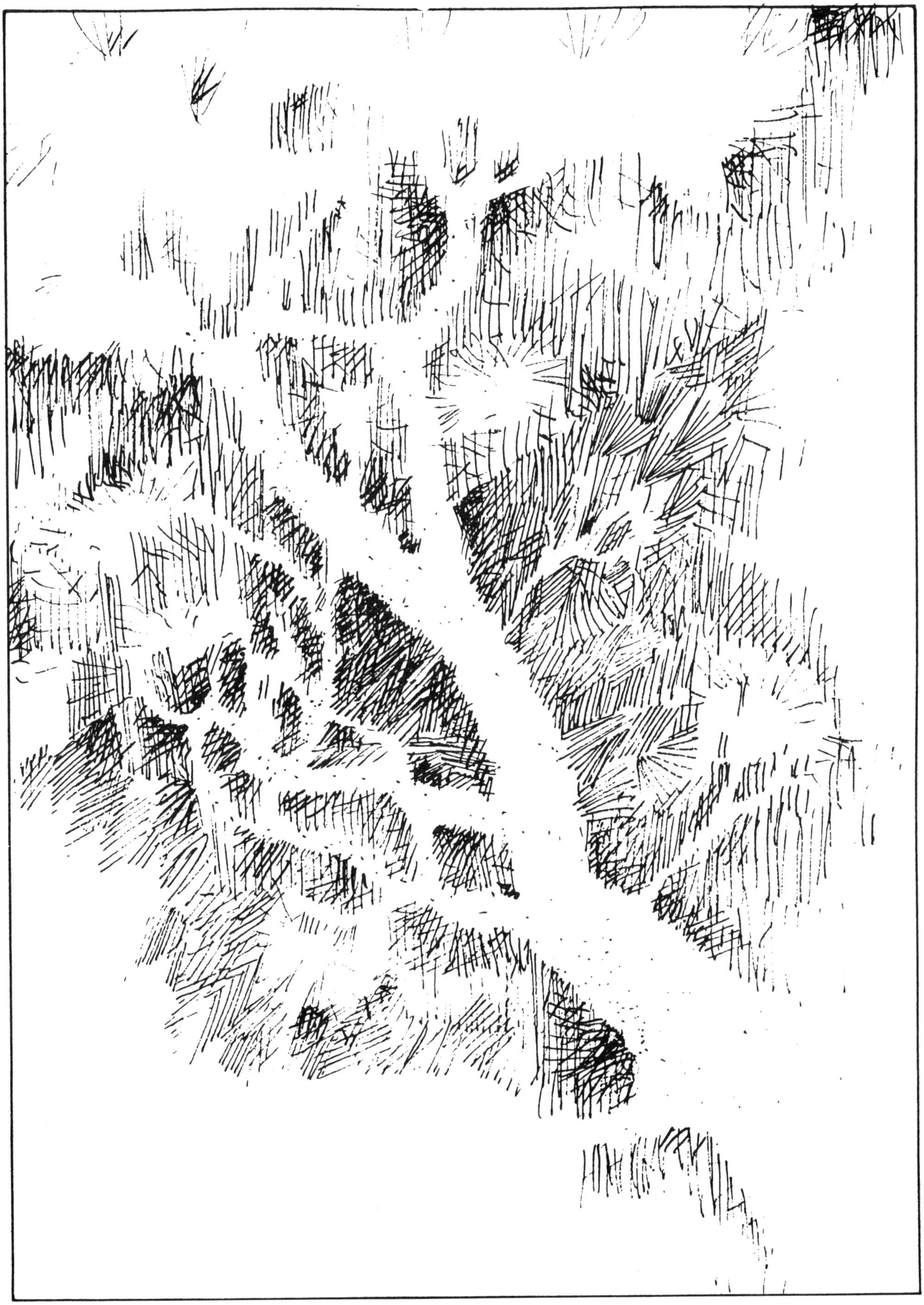

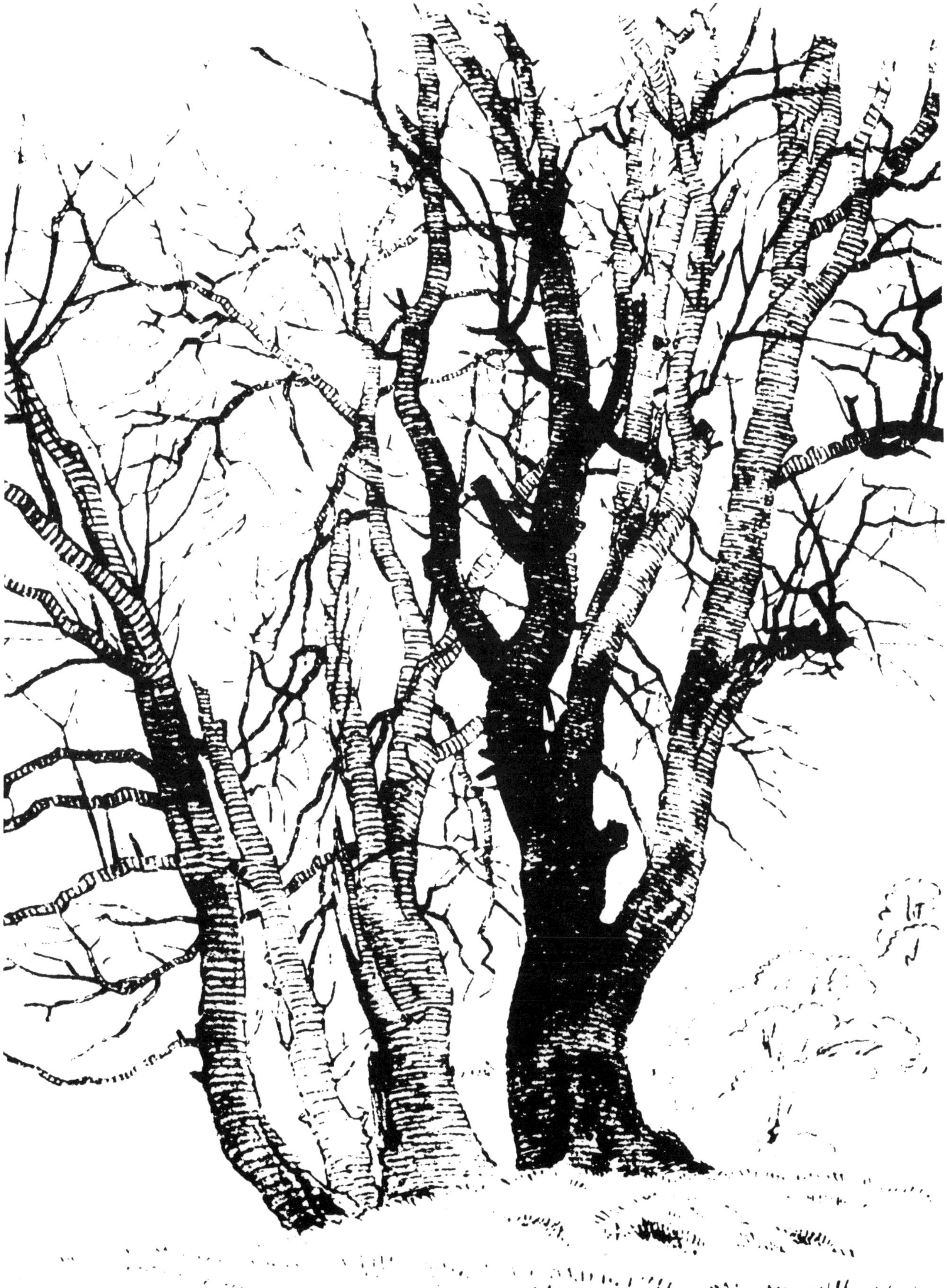

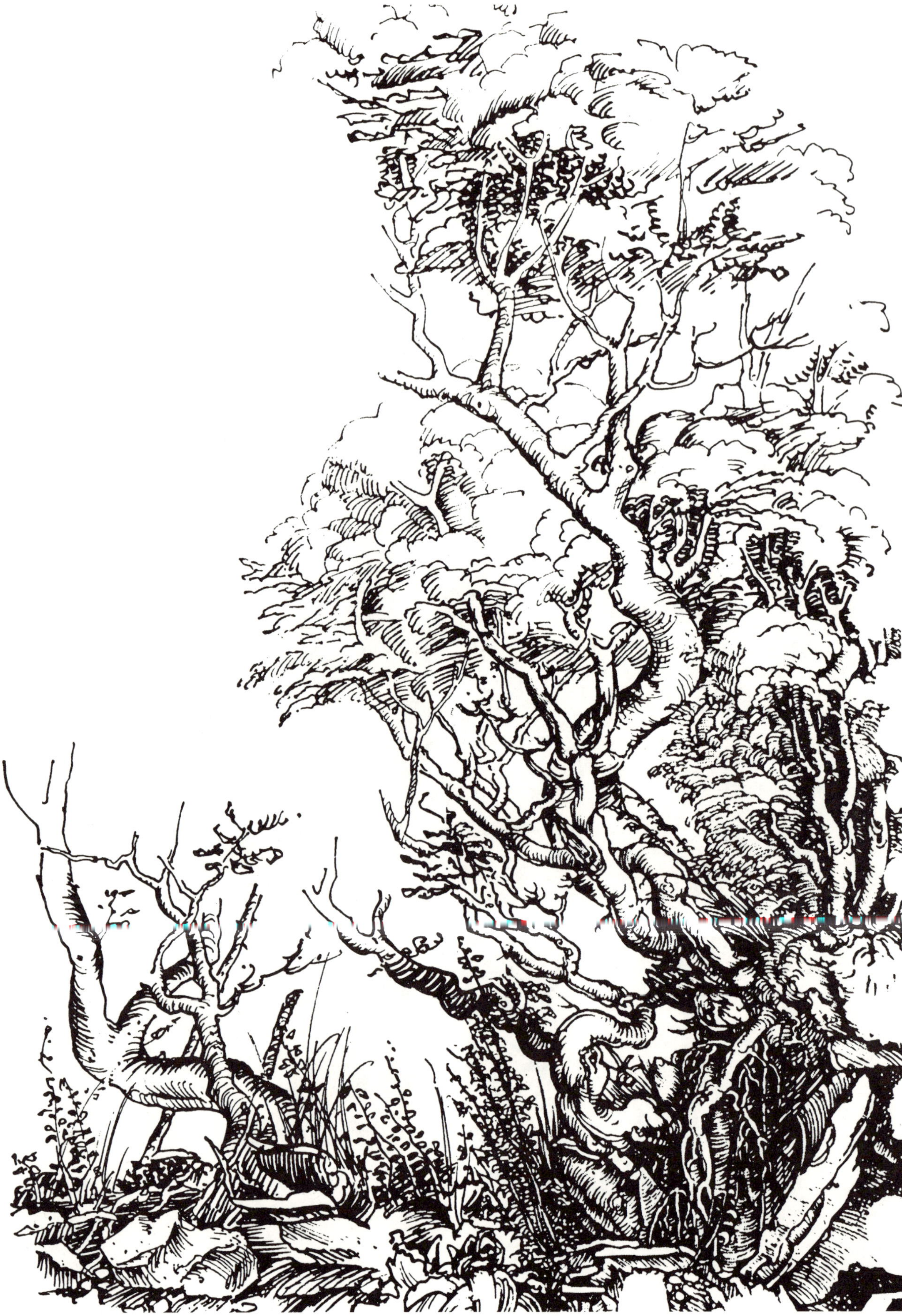

Diese Zeichnung von Dürer (sie ist in Wirklichkeit nur so groß) soll Anlaß sein, einmal die Erfindungskraft dieses Malers nachzuempfinden. Versuchen Sie eine Ergänzung, ohne sich an der ohnedies „gefälschten“ Zeichnung auf der linken Seite zu orientieren.

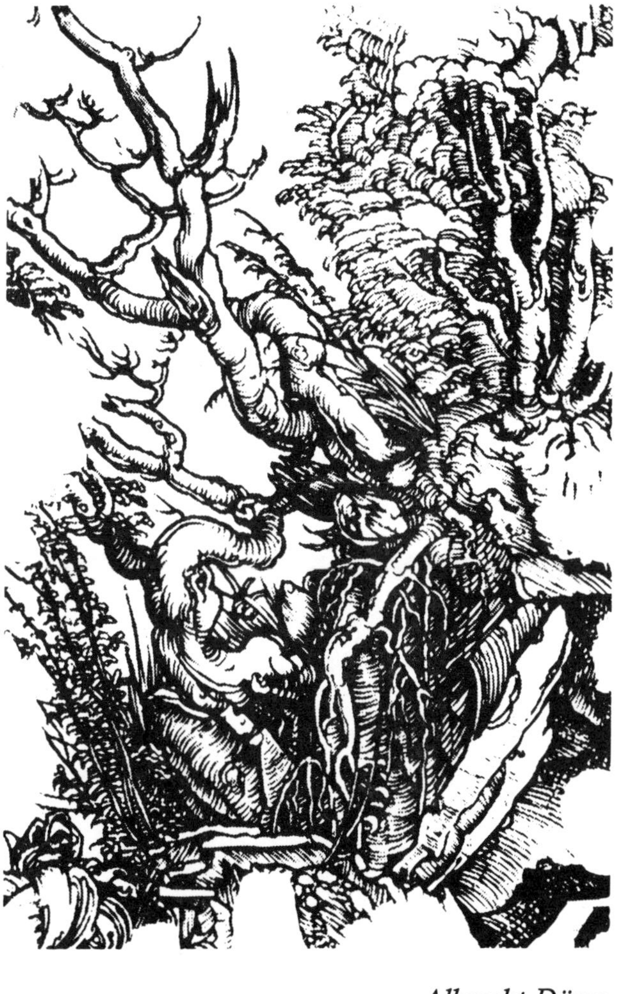

Albrecht Dürer

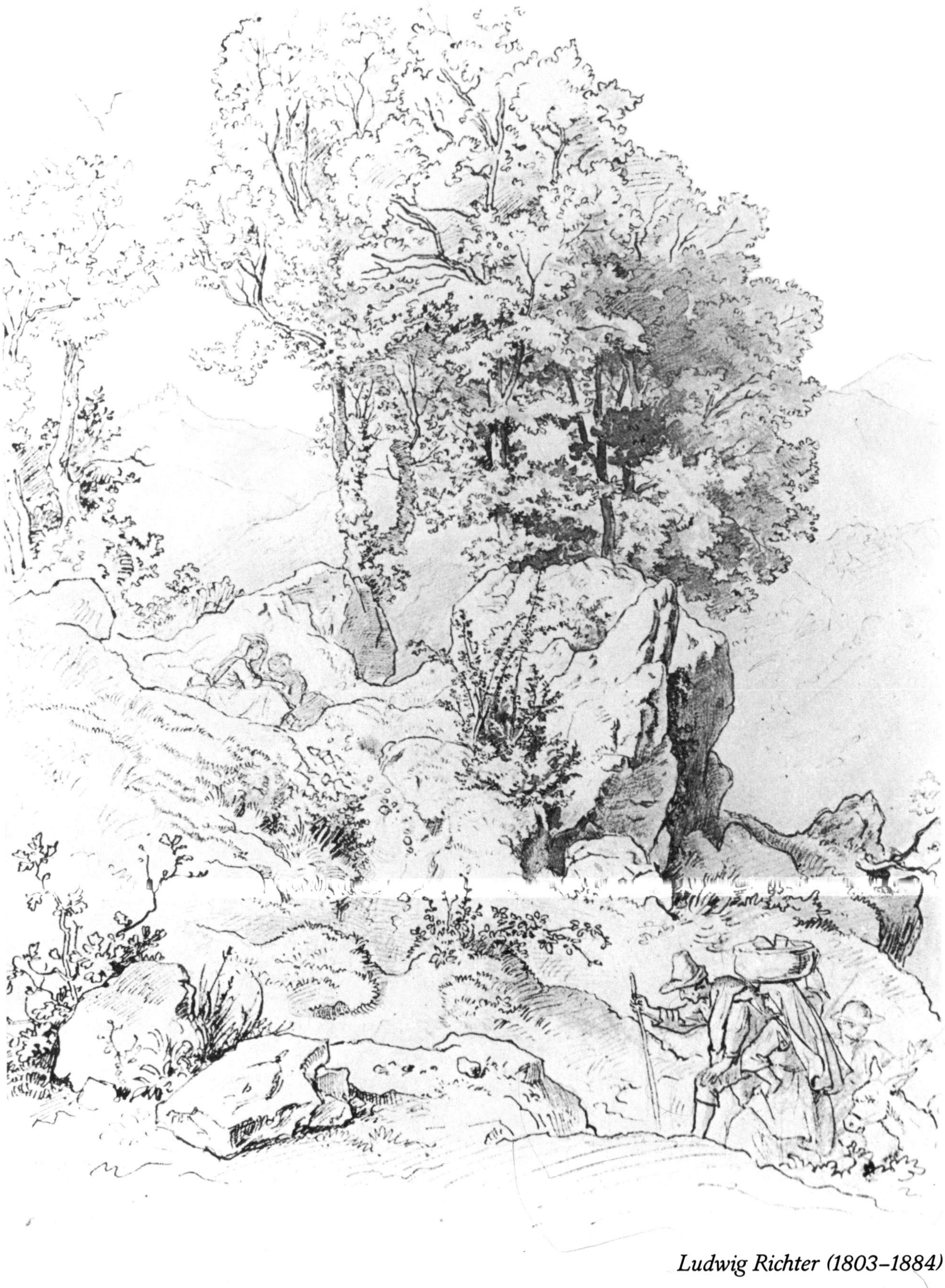

Ludwig Richter (1803–1884)

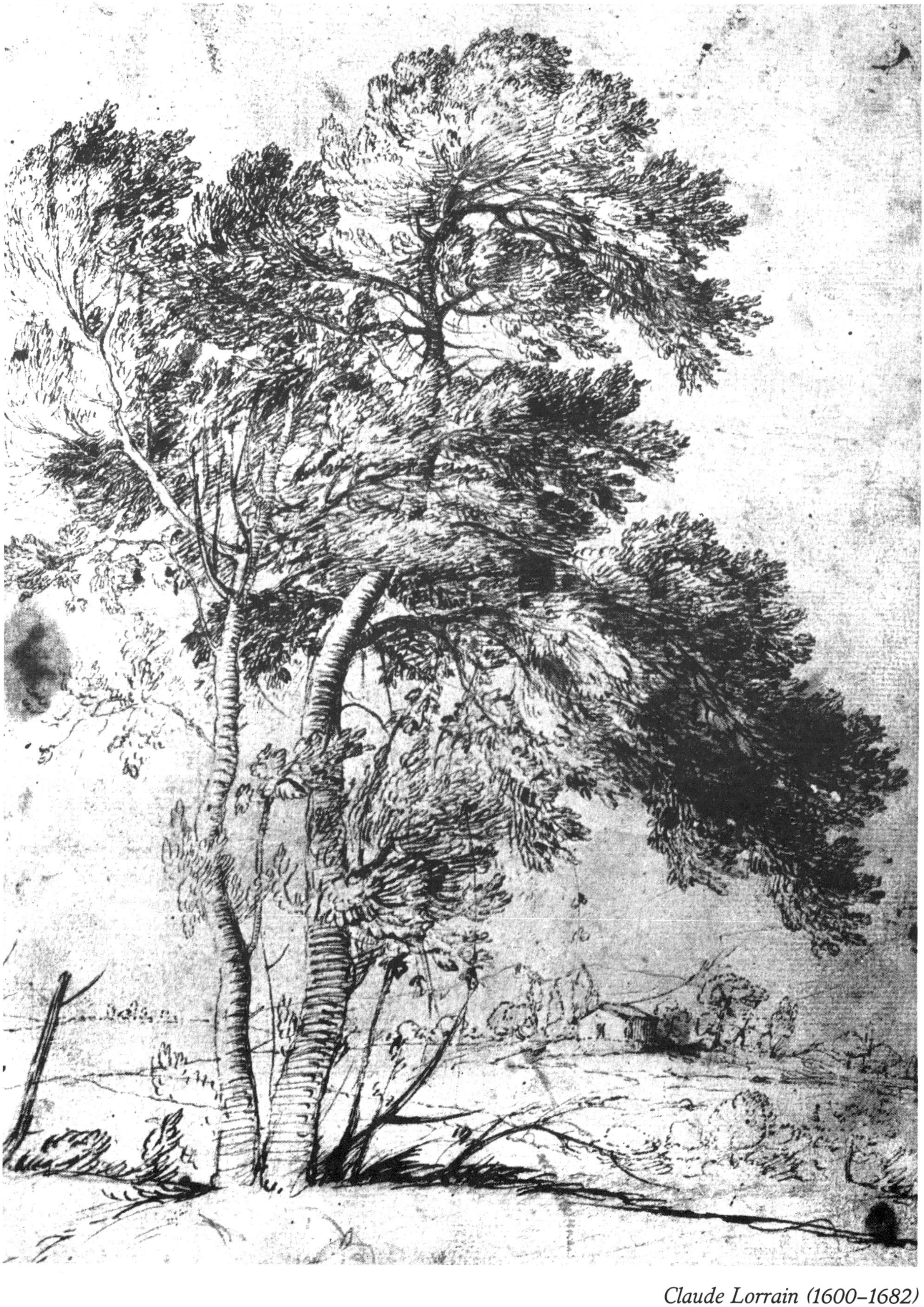

Claude Lorrain (1600–1682)

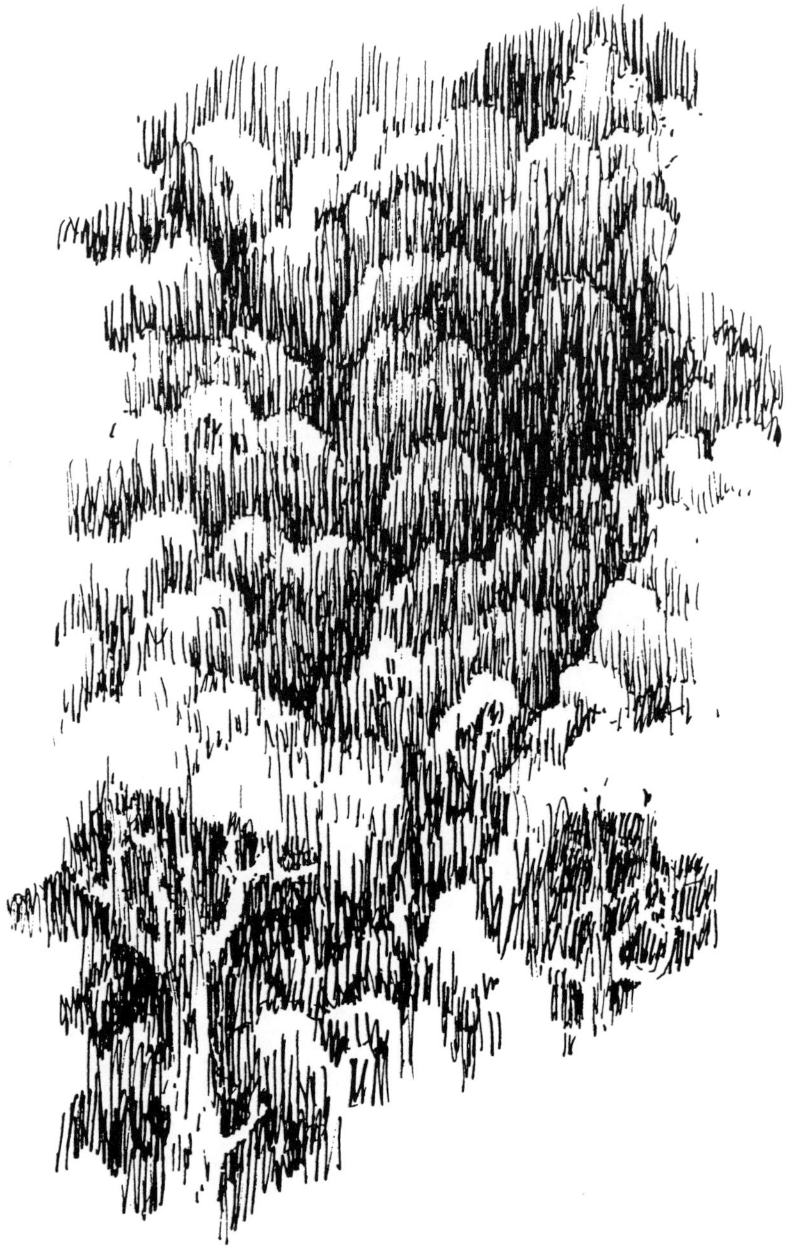

Führen Sie die Zeichnung oben fort oder legen Sie rechts eine neue an.

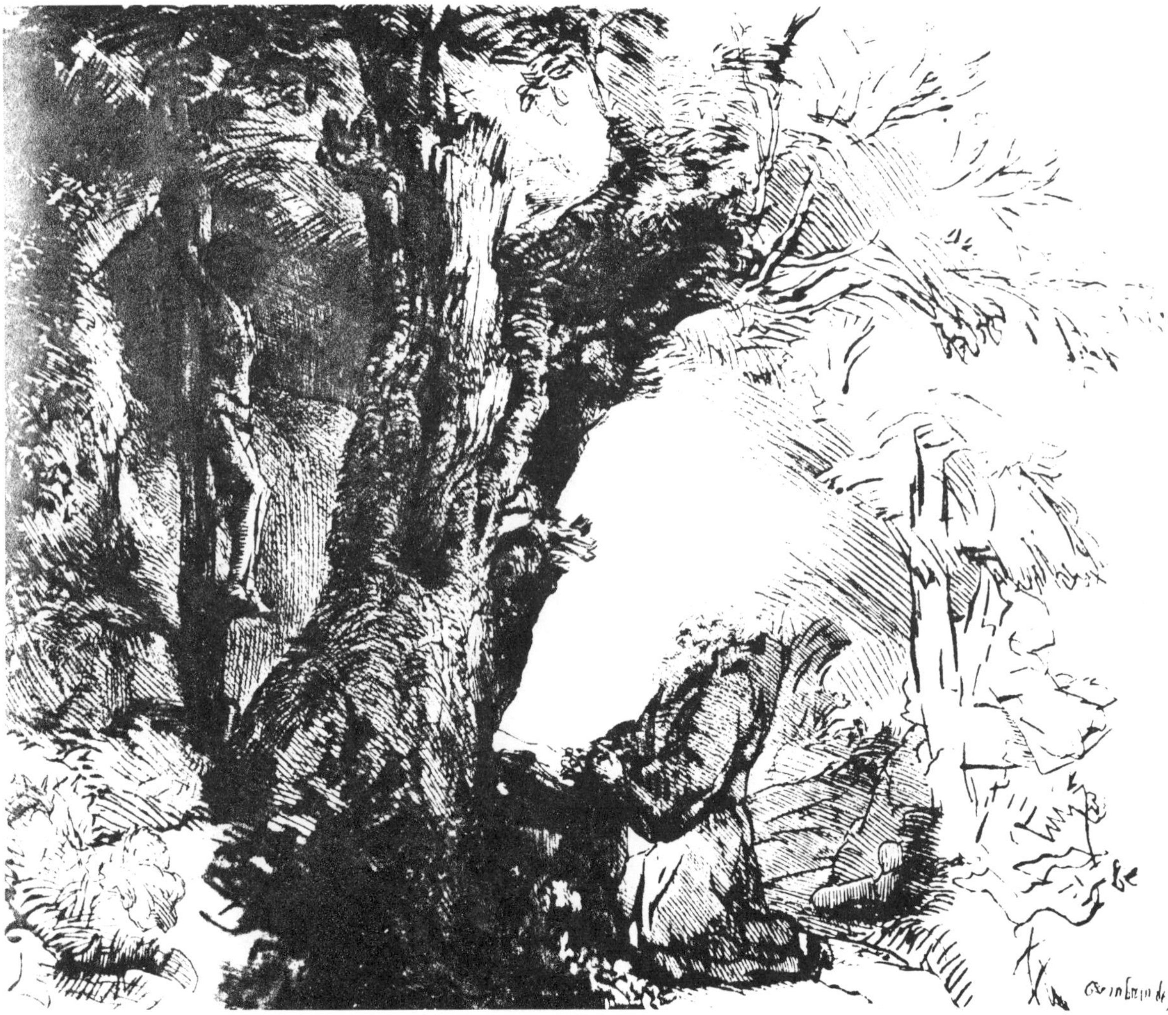

Rembrandt (1606–1669)

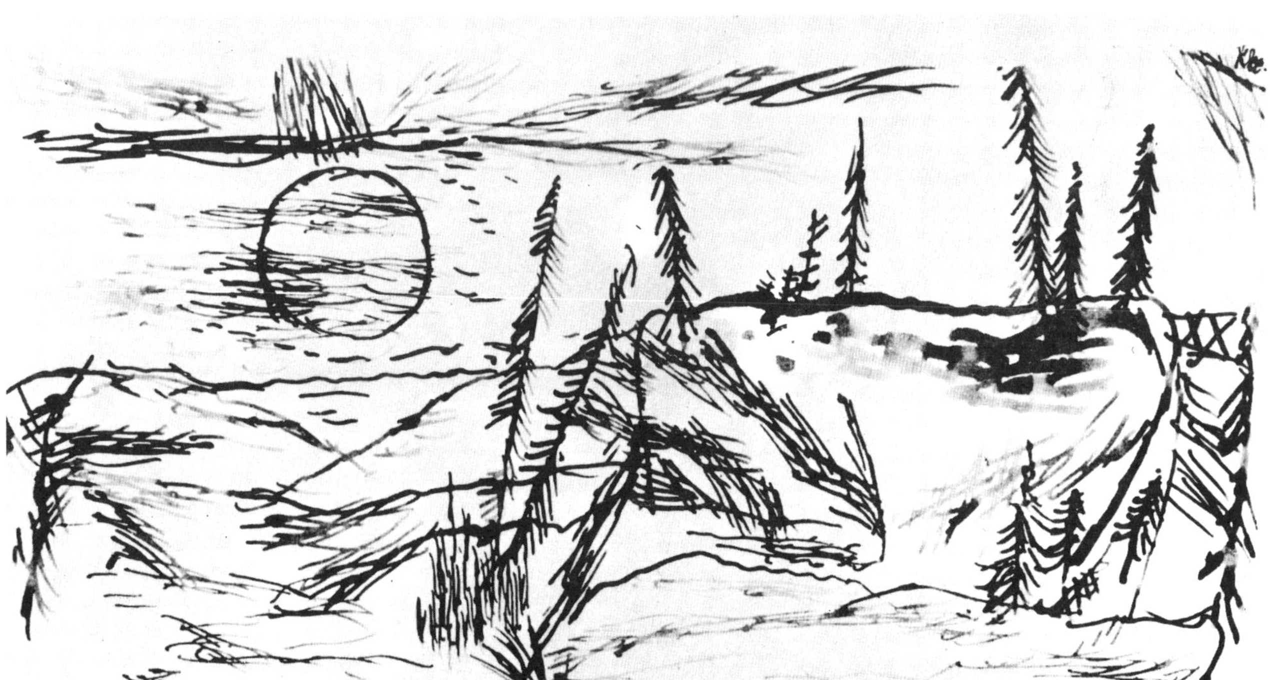

Paul Klee

Architektur in der Landschaft

Architektonische Elemente schaffen in der Landschaftszeichnung die Möglichkeit, Kontraste zwischen vegetativen und geometrischen Formen zu schaffen. Sie können außerdem helfen, die räumliche Situation zu klären. Albrecht Dürer ist hier ein großer Lehrmeister. Beachten Sie, wie er jede Gleichförmigkeit vermeidet, immer phantasievoll und abwechslungsreich bleibt. Van Gogh verwendet die Linie in ähnlicher Klarheit wie Dürer. Aber bei ihm wird sie Ausdrucksmittel für die seelische Erregung. Sie wird gleichsam zu einem Psychogramm.

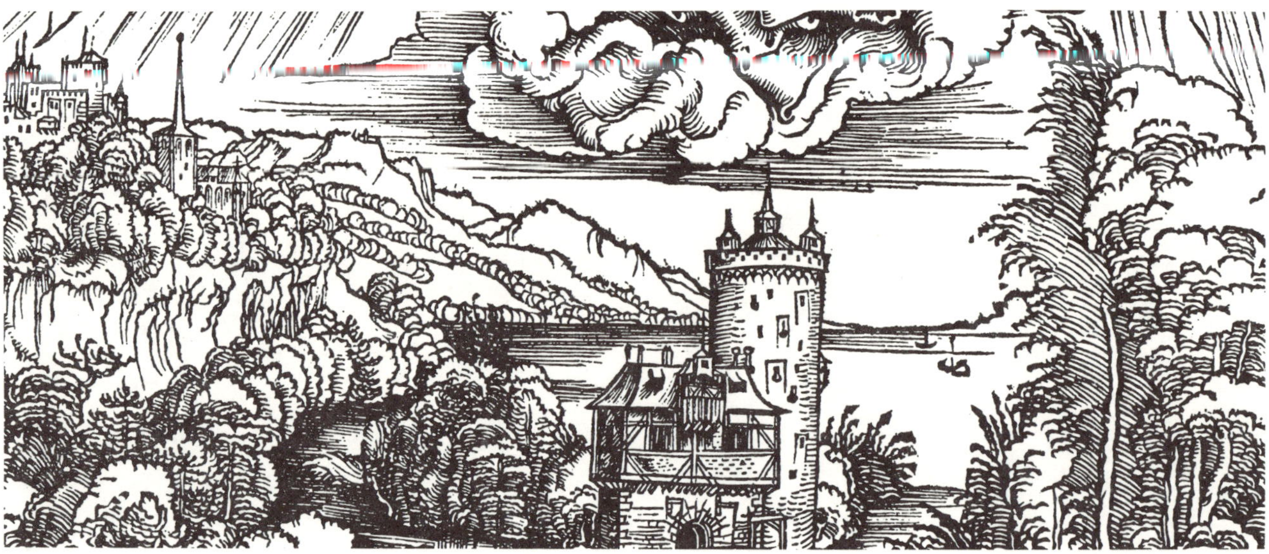

Albrecht Dürer (Ausschnitt)

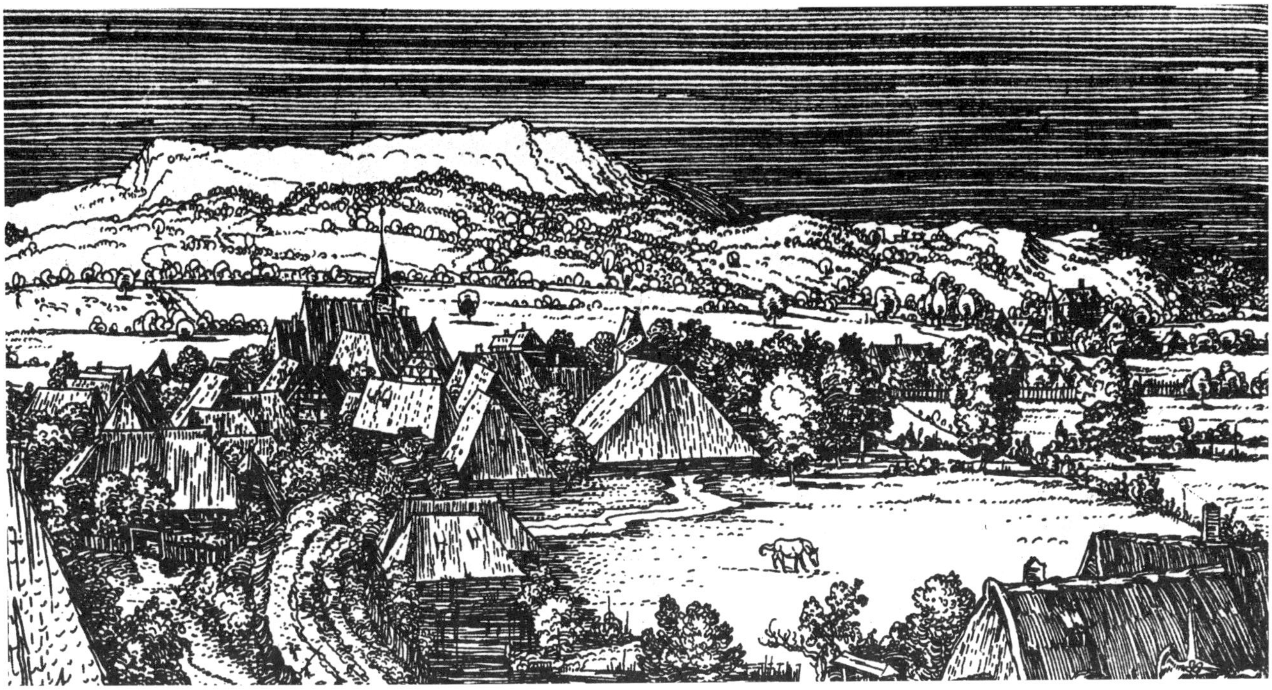

Albrecht Dürer (Ausschnitt)

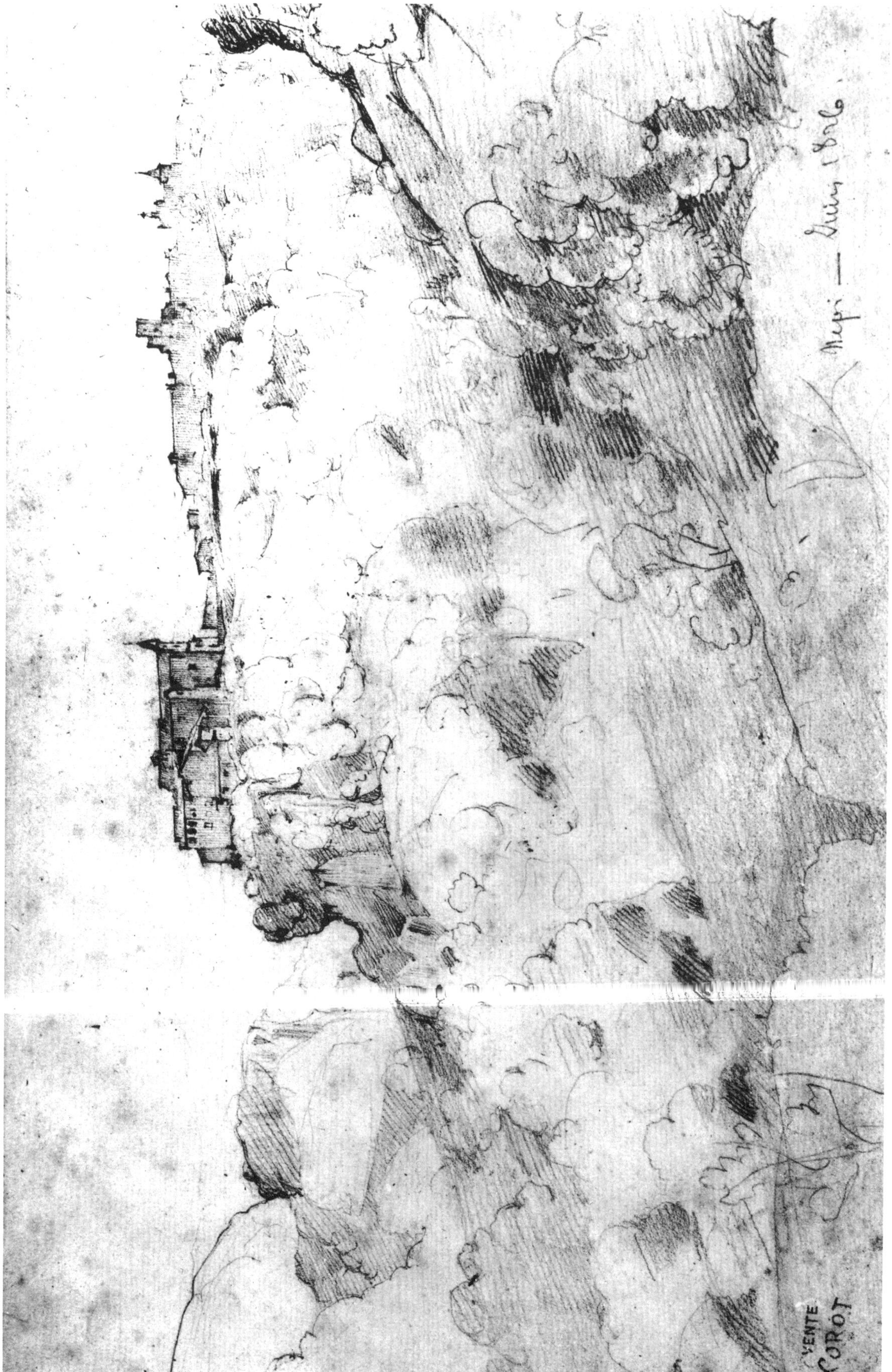

Camille Corot (1796–1875)

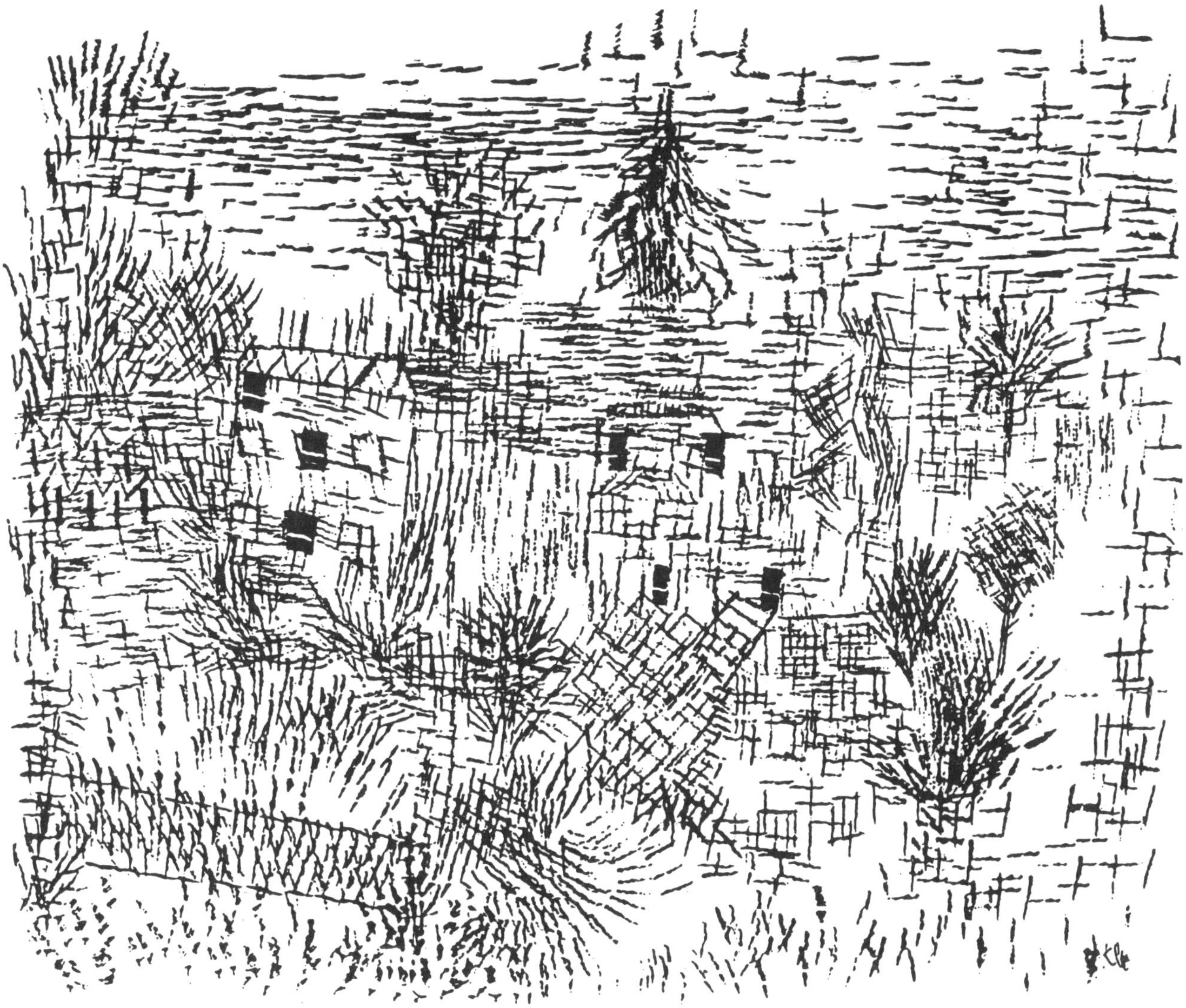

Paul Klee

Paul Klee verzichtet ganz auf den Scheinraum in der Zeichnung. Die Sprache von Linien und Strukturen verselbständigt sich. Sie sollten unbedingt versuchen, diese zeichnerische Einstellung einmal nachzuvollziehen. Bei vielen bringt der bewußte Einstieg in diese Art des Zeichnens ein Aha-Erlebnis und einen großen Gewinn, auch wenn sie dann zu realistischer Zeichnung zurückkehren.

Kleine Geschichte der Landschaftsdarstellung

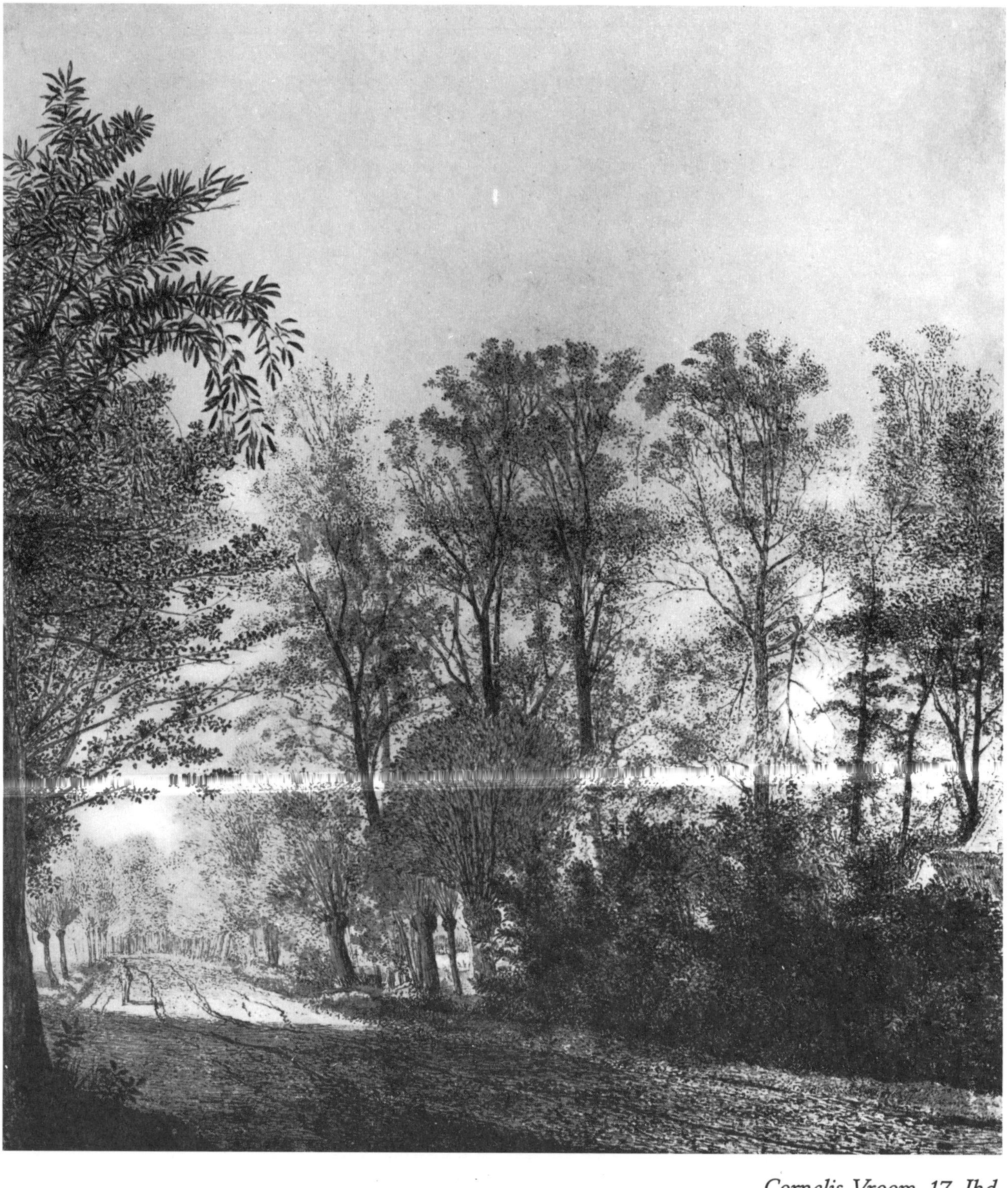

Cornelis Vroom, 17. Jhd.

Die Landschaft ist in der Malerei der Gegenwart zum häufigsten Motiv geworden. Sowohl in der seriösen Kunstszene wie in der kommerziellen Malerei nimmt sie den größten Raum ein. Um so erstaunlicher ist es, daß sie als selbständiges Bildmotiv eines der jüngsten Themen in der gegenständlichen Darstellung ist. In der christlich-abendländischen Tradition mit ihrer Sinnenfeindlichkeit, mit ihren Vorbehalten gegen die Natur konnte die Landschaft als Motiv erst Bedeutung erlangen mit der Anerkennung der Kunst als eines selbständigen Bereichs. Solange die Malerei dem Religiösen sich ausschließlich verpflichtet fühlte, durfte Landschaft bestenfalls als Staffage sich in Szene setzen. Mehr als Kulisse konnte sie bis zum Ende des 15. Jahrhunderts nicht sein. In der byzantinischen Tradition hatten sich feste Formeln für landschaftliche Staffage entwickelt, ein starrer Schematismus für Felsen, Berge, Bäume. Erst als in der zweiten Hälfte des 15. Jahrhunderts mit dem Verschwinden des Goldgrunds und der Entdeckung illusionistischen Tiefenraums die Malerei buchstäblich eine neue Dimension für sich entdeckte, entstanden die ersten nachprüfbaren Landschaftsdarstellungen, Landschaften, die eine reale Wirklichkeit darstellten. Im „Wunderbaren Fischzug" schildert Konrad Witz (1444) einen Ausschnitt der damaligen Umwelt am Genfer See. 1473 entsteht unter den Händen Leonardo da Vincis die erste Landschaftsdarstellung, in der die menschliche Figur nicht mehr vertreten ist. Die Zeichnung befindet sich heute in den Uffizien in Florenz. Wir bringen sie hier auf Seite 102 und Seite 103 im Vergleich mit einer Landschaftszeichnung von Picasso. Die 500 Jahre, die in der Zwischenzeit vergangen sind, haben die Mittel, um landschaftlichen Tiefenraum zu erzeugen, kaum verändert. Wir sehen sowohl bei Leonardo da Vinci als auch bei Picasso die Verwendung perspektivischer Fluchtlinien, in beiden Fällen ohne Anspruch auf konstruktive Korrektheit, wir sehen die Verwendung des Vorne groß – Hinten klein als Signal für Raumtiefe. Auch in manch anderer Hinsicht ähneln sich beide Zeichnungen auf eine erstaunliche Weise.

Etwas später als Leonardo da Vinci wendet sich die Donauschule mit ihrem Hauptmeister Albrecht Altdorfer unserem Motiv zu. Die Donaulandschaft bei Regensburg von Albrecht Altdorfer wird als die erste reine Landschaftsmalerei ohne figürliches Beiwerk genannt. Das Bild hängt in der Alten Pinakothek in München. Etwa gleichzeitig wendet sich Albrecht Dürer mit dem ganzen Enthusiasmus des Neuerers der Landschaftsdarstellung zu. Seine Zeichnungen werden zu Musterbeispielen für eine streng lineare Darstellung der Landschaft. Die oft etwas befremdliche Kühle und Strenge seiner Arbeiten demonstrieren sachlich und präzis das ganze Repertoire, das für die Darstellung landschaftlichen Tiefenraums zur Verfügung steht. Um die Mitte des 16. Jahrhunderts malt Pieter Bruegel seinen Monatsbilderzyklus, Landschaften, die den Ablauf der Jahreszeiten schildern. Sein Einfluß auf Gillis van Coninxloo und Paul Bril leitet über zu der großen Epoche nieder-

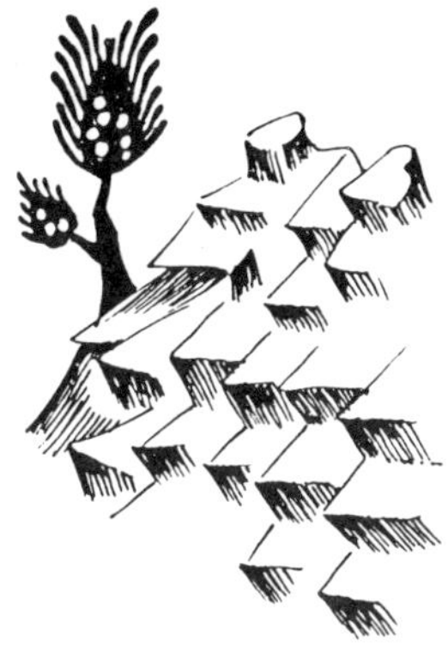

byzantinisch

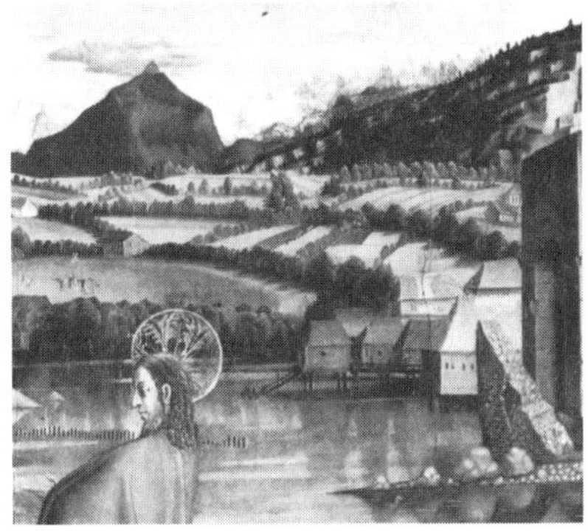

Konrad Witz

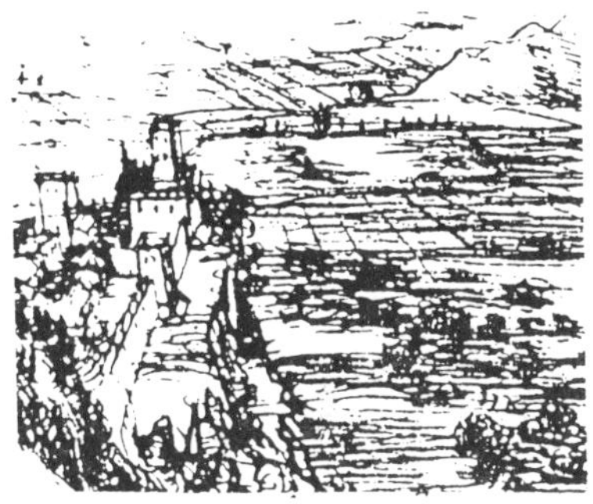

Leonardo da Vinci

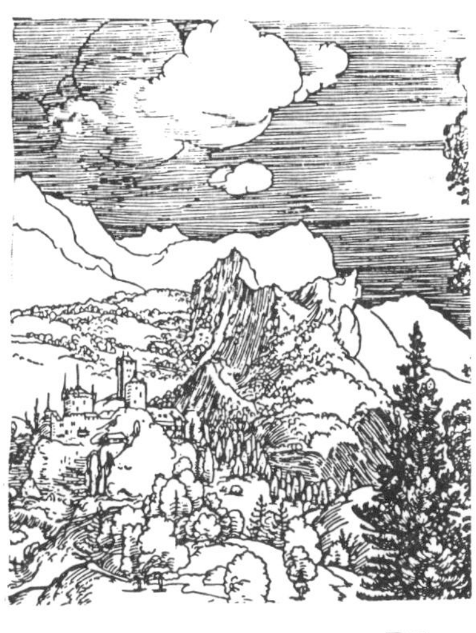

Dürer

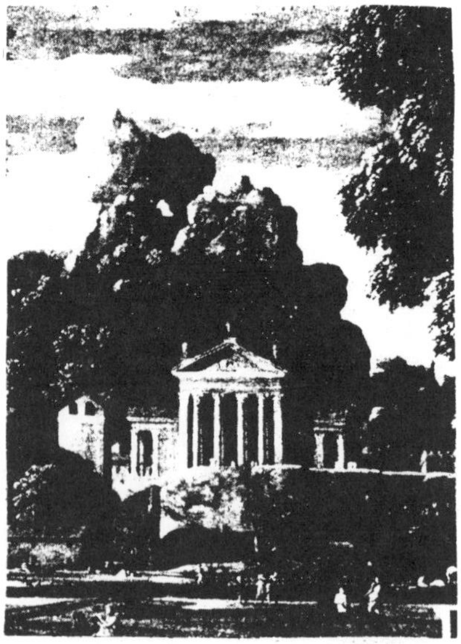

Poussin

ländischer Landschaftsmalerei des 17. und 18. Jahrhunderts. Annibale Carracci und der frühe Deutschrömer Adam Elsheimer, Brils Schüler Agostino Tassi schaffen eine neue Tradition dieses Genres. Es entstehen Landschaftstypen, die ideale Landschaft, oft mit biblischer oder mythologischer Staffage, die heroische Landschaft. Die Hintergrundlandschaften Tintorettos und die expressive Phantastik El Grecos in seinem berühmten Bild „Blick auf Toledo" führen zur Landschaftskunst des Barock. Hier sind es besonders drei große französische Meister, die in der Folgezeit einen starken Einfluß ausüben: Nicolas Poussin, Gaspard Poussin, sein Schüler und Schwager, und Claude Lorrain, der Schüler Agostino Tassis. Sie schaffen Beispiele der idealen Landschaft, der heroischen Landschaft mit biblischer oder historischer Staffage. Im großen 17. Jahrhundert der niederländischen Landschaftsmalerei ist es vor allem Salomon Ruisdael, der aus der Vielzahl bedeutender Meister herausragt. Die großen Namen Rubens und Rembrandt setzen europäische Leitbilder.

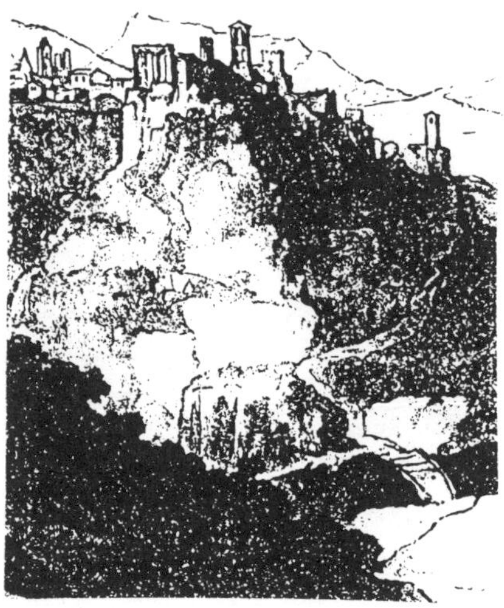

Lorrain

Im 18. Jahrhundert übernimmt auf unserem Gebiet England die Führung. Hier sind es insbesondere William Turner und John Constable, die um die Wende zum 19. Jahrhundert auf dem Gebiet der Landschaftsdarstellung Höhepunkte in der europäischen Malerei setzen.

In der deutschen Romantik stehen Ferdinand Kobell und sein Sohn Wilhelm von Kobell am Anfang einer neuen deutschen Landschaftsmalerei. Sie nehmen alte Traditionen wieder auf. Joseph Anton Koch wendet sich mit monumentaler Gestaltung der Gebirgswelt zu und begründet zusammen mit Carl Rottmann eine Sparte der Landschaftsmalerei, die sich bei ihren Nachfolgern als besonders gut verkäuflich erweisen sollte. Als bekanntester Vertreter der deutschen Romantik demonstriert Caspar David Friedrich die Ausdruckskraft der Landschaftsdarstellung in ihren verschiedenen Stimmungen.

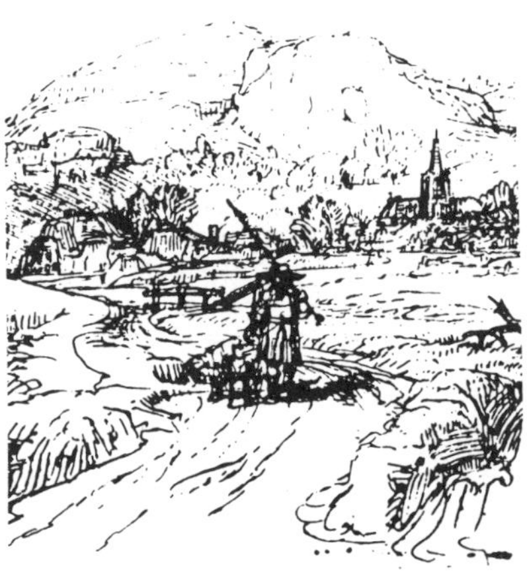

Rembrandt

In Frankreich folgt Jean Baptiste Camille Corot dem Beispiel von Constable und Turner und beginnt im Freien zu malen. Gustave Courbet begründet einen radikalen Realismus und nennt sich Schüler der Natur. Theodore Rousseau läßt sich im Dorf Barbizon nieder. Mit seinen Freunden, zu denen insbesondere Jean François Millet gehört, entsteht die Schule von Barbizon, die bis zum Ende des 19. Jahrhunderts einen großen Einfluß auf die Landschaftsmalerei ausübt. Angeregt von Turner und Constable werden auch die großen Maler des beginnenden Impressionismus, vor allem Claude Monet. Mit seiner Intention, das Licht, die Sonne, die Stimmung des Augenblicks einzufangen, wird für den Impressionismus das Landschaftserlebnis zentrales Thema. Besonders Alfred Sisley und Camille Pissarro sind hier zu nennen, aber auch Pierre Auguste Renoir liefert auf diesem Gebiet bedeutende Beiträge. Es folgt die Epoche des Neoimpressionismus, die aus physikalisch-optischen Lehren der Malerei eine wissenschaftliche Grundlage geben will. Im Divisionismus oder Pointillismus werden reine Komplementärfarben in Punkten auf die Leinwand gesetzt und ermöglichen die Wiedergabe flimmernden Sonnenlichts in neuartiger Leuchtkraft. Begründer ist Georges Seurat, der zusammen mit Paul Signac dieser Richtung Bedeutung gibt.

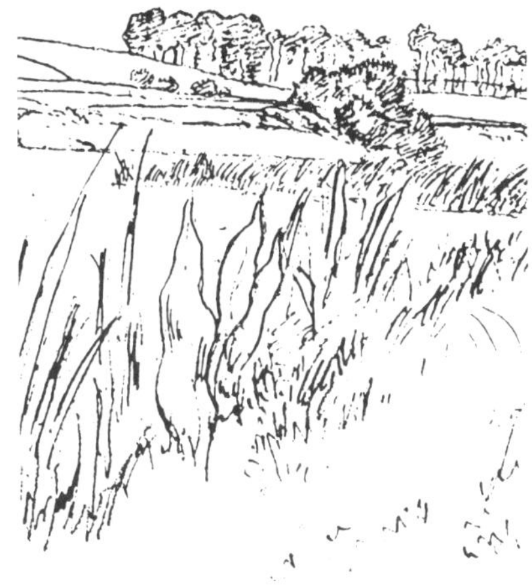

Corot

In der deutschen Malerei sind drei Namen zu nennen, die als Vertreter impressionistischer Landschaftsmalerei gelten können: Max Liebermann, Max Slevogt und Lovis Corinth.

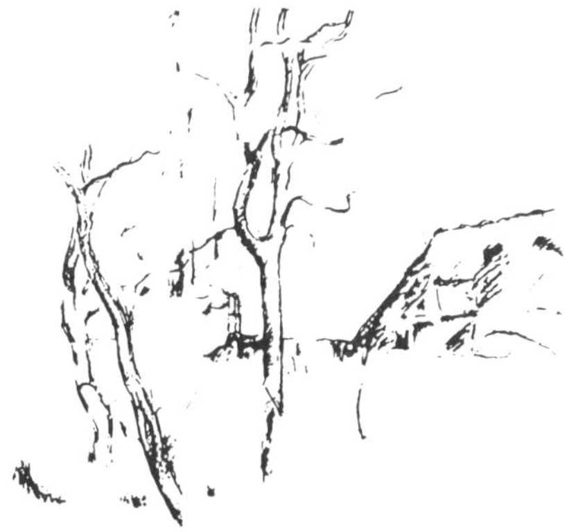

Cézanne

Mit Paul Cézanne, Paul Gauguin und Vincent van Gogh beginnt sich das 20. Jahrhundert anzukündigen. Während Paul Cézanne in gewisser Weise Vorläufer kubistischer und reduktionistischer Ausdrucksmittel wird, Paul Gauguin mit seinen leidenschaftlichen Bildern aus der nachimpressionistischen Kühle hinausführt, wird Vincent van Gogh das große Vorbild expressionistischer Landschaftsgestaltung. Seine Zeichnungen wenden sich von illusionistischer Darstellungsweise ab und demonstrieren besonders anschaulich den zeichenhaften Einsatz der graphischen Elemente von Punkt, Linie und Fläche. Mit dem 20. Jahrhundert beginnt sich die Kunstszene völlig zu verwandeln. Wissenschaftliches, analytisches Denken wird auch in der künstlerischen Spekulation zum Leitbild. Es erfolgt die Reduktion auf die „eigentlichen" bildnerischen Mittel. Ein Denken in reinen Begriffen fordert eine Kunst in definierten Grenzen: Fläche soll Fläche bleiben, Malerei sich als Malerei an sich präsentieren, Linie als Element ihr Eigenleben bekommen. Es geht um die Farbe an sich, die Form an sich. Für die Kunst öffnet sich eine neue Freiheit. Mit dem Zurücktreten der inhaltlichen Bildbedeutung gewinnen die bildnerischen Elemente. Das Spiel der Gestaltungsmittel kann beginnen. Es kann sich frei auf der Fläche entfalten, den eigenen Empfindungen unabhängig von gegenständlichen Ansprüchen Ausdruck geben. Kaum einer hat diese neue Freiheit so sensibel, ausdrucksvoll und variationsreich gebraucht wie Paul Klee. Seine Zeichnungen, von

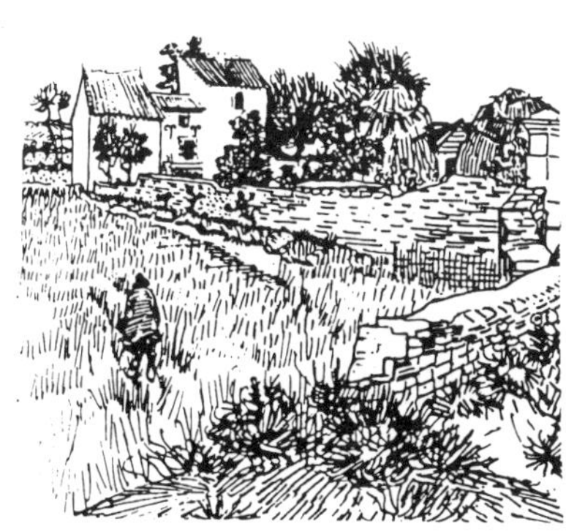

van Gogh

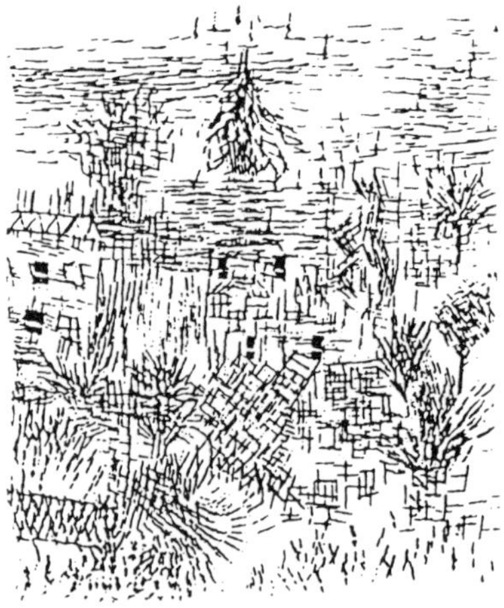

Klee (Ausschnitt)

denen uns hier die landschaftsbezogenen interessieren, öffnen völlig neue Gestaltungswege.

Aber auch die großen Meister der Moderne wie Picasso und Georges Braque bieten uns prächtige Beispiele für einen neuen Umgang mit unserem Motiv. In den Landschaftsbildern Picassos entfaltet sich ein kraftvolles Spiel mit den Bildelementen, mit Zeichen, die landschaftliche Bestandteile neuartig zueinander in Beziehung setzen. Der Ausdruck der eigenen Empfindung ist dabei Leitbild, die Illusion verliert an Bedeutung. Mit der Bildnerei der Moderne wird jene Sensibilität wieder freigesetzt, die auf eine organische Ganzheit zielt und sich nicht mehr nach den Notwendigkeiten richten muß, die sich aus dem Bedürfnis nach illusionistischer Darstellung ergeben.

In der Gegenwartskunst laufen viele Stil- und Spielarten der Landschaftsdarstellung nebeneinander. Sie bieten ein breites Anregungsfeld für jeden, der sich mit der Landschaftszeichnung befaßt.

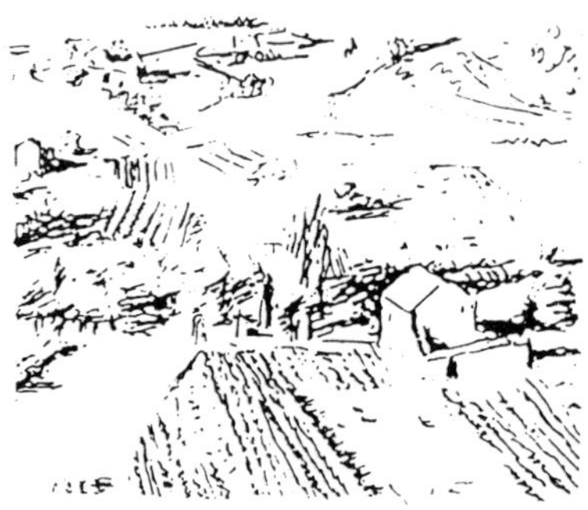

Picasso

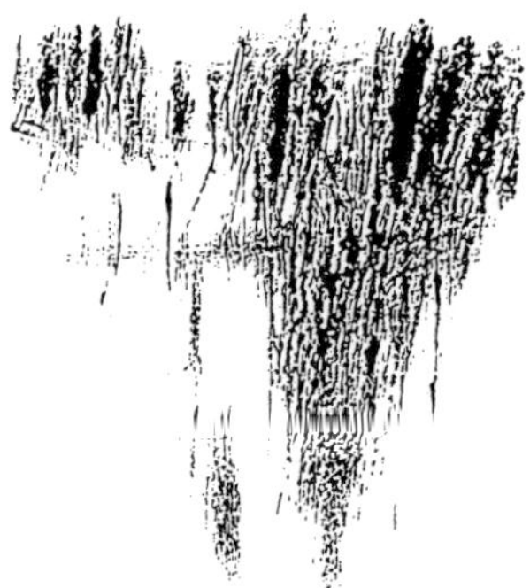

Ernst Eichinger

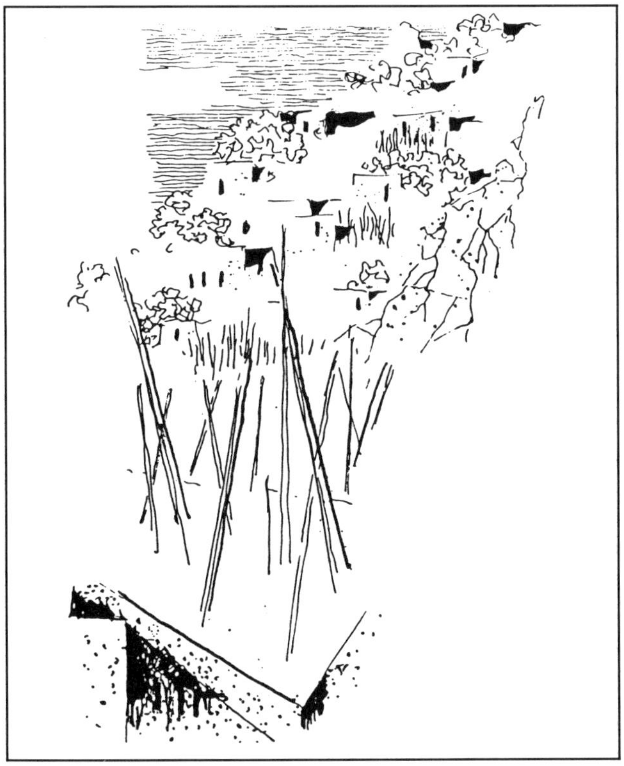
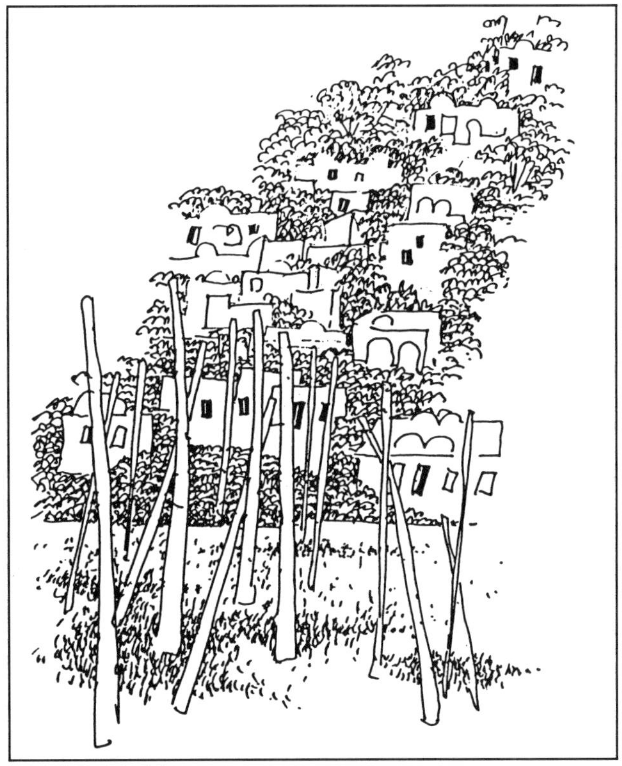
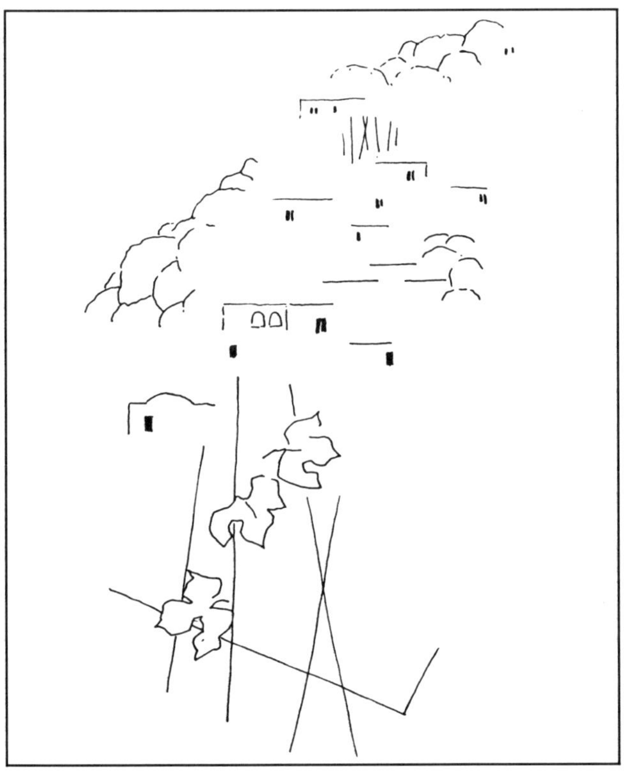
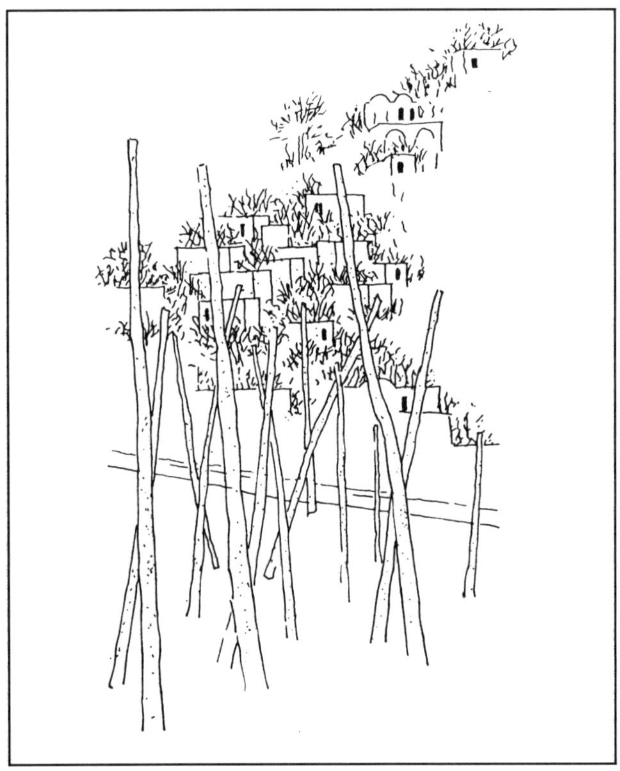

Ein Abhang mit Vegetation, mit Häusern, vielleicht Strukturen von Feldern oder Gärten, im Vordergrund einige Stangen. Versuchen Sie selbst, damit eine Landschaft aufzubauen und verschiedene Spielarten des Zeichnens auszuprobieren. Bleiben Sie zunächst in den Rahmen auf den folgenden Seiten, ehe Sie freier zeichnen.

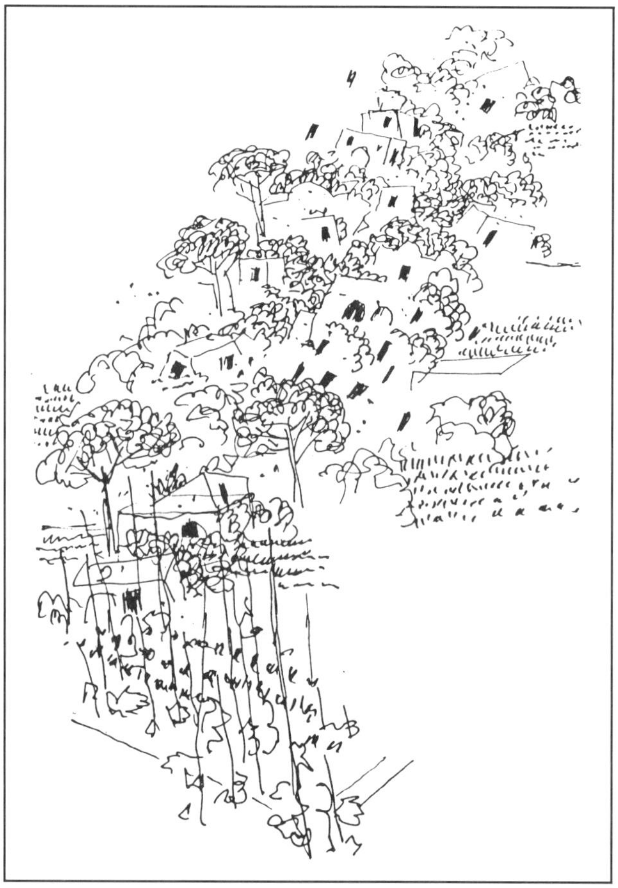

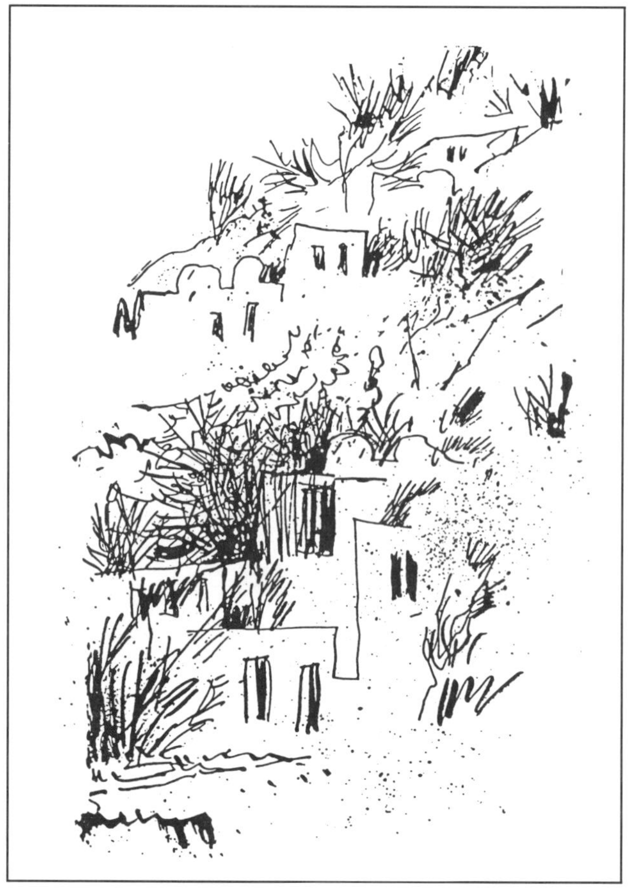

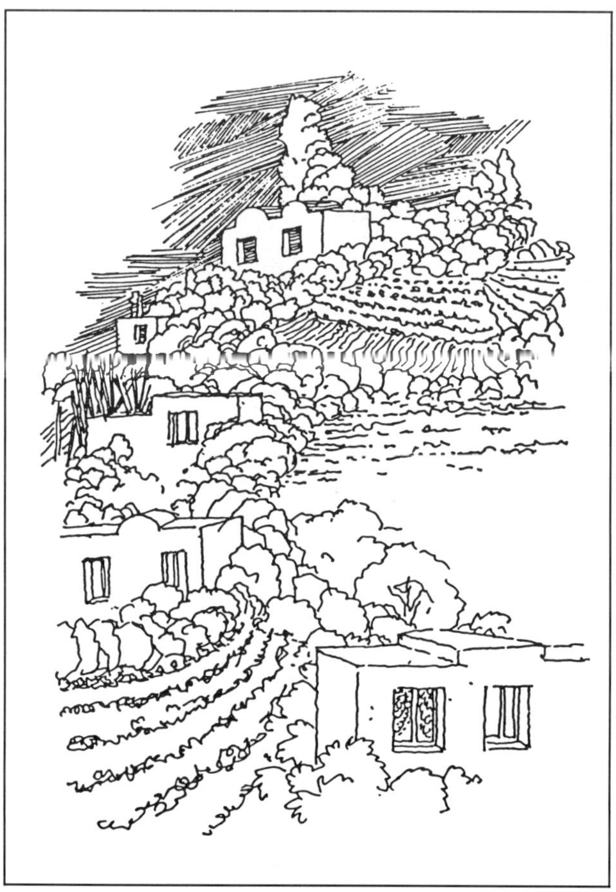

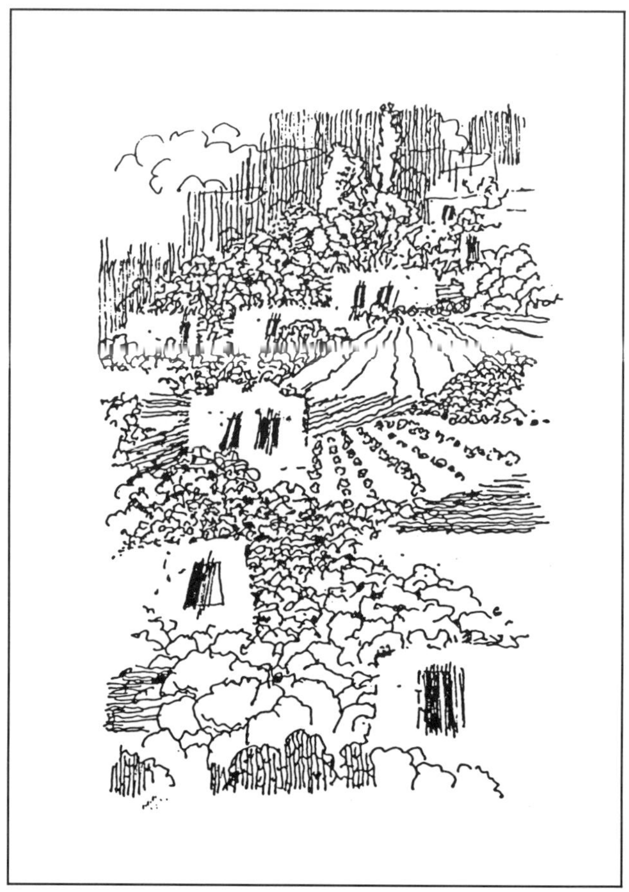

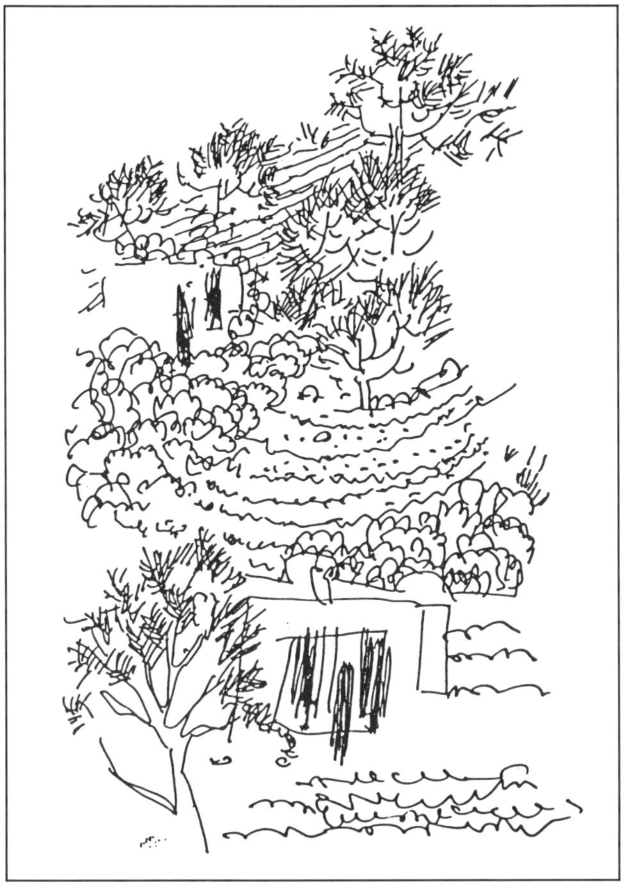

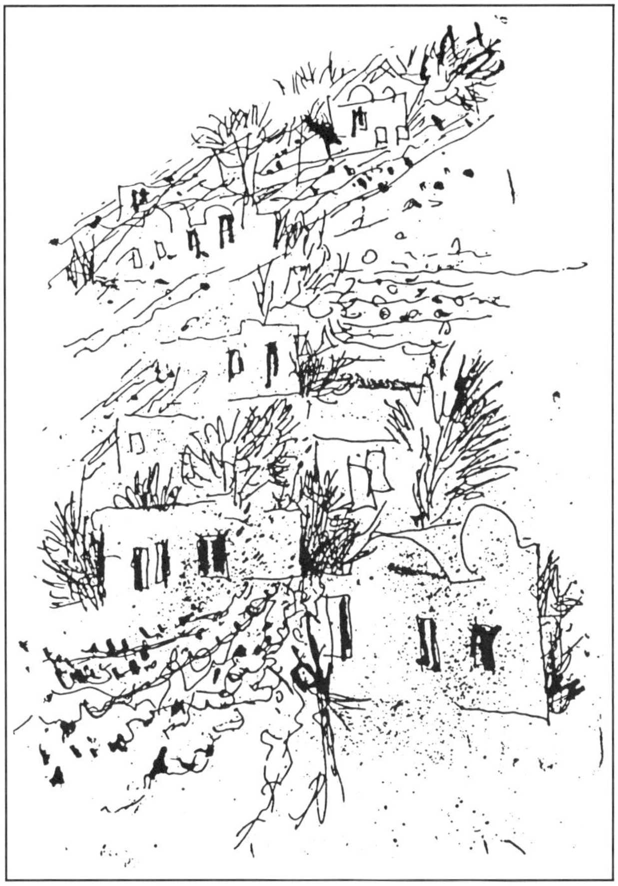

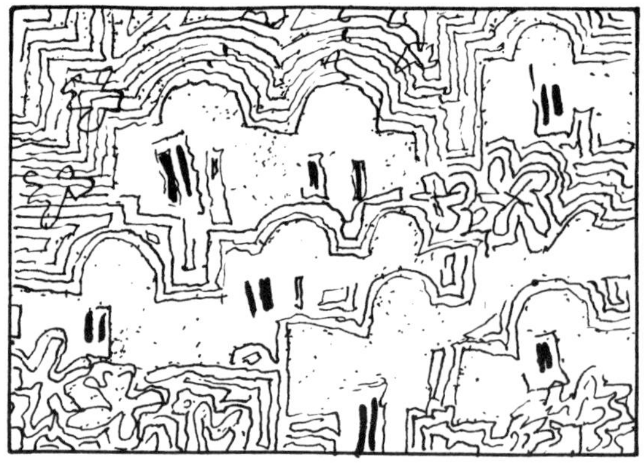

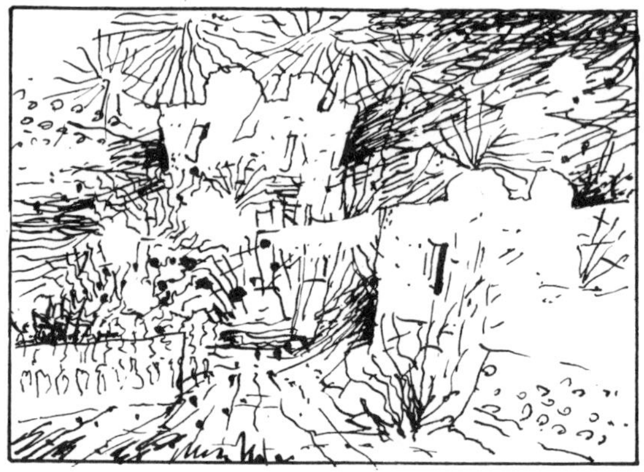

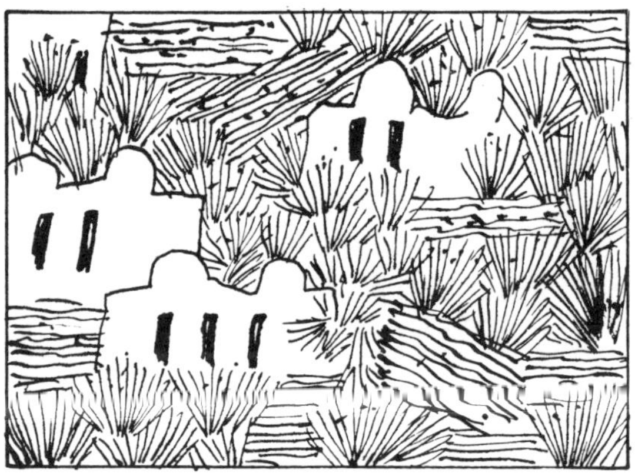

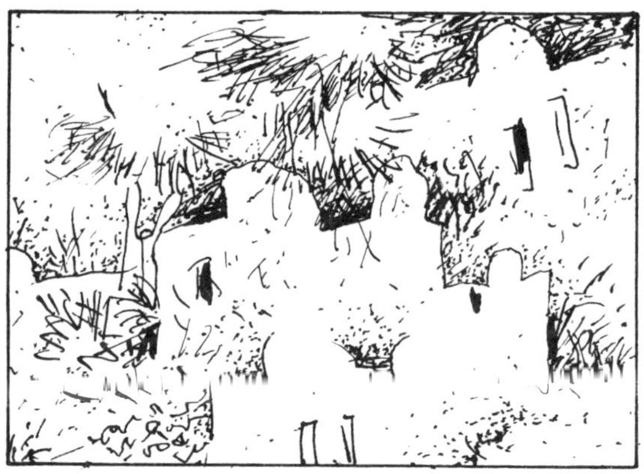

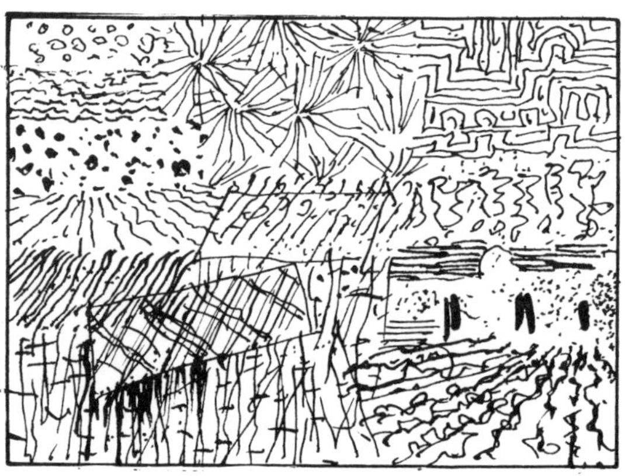

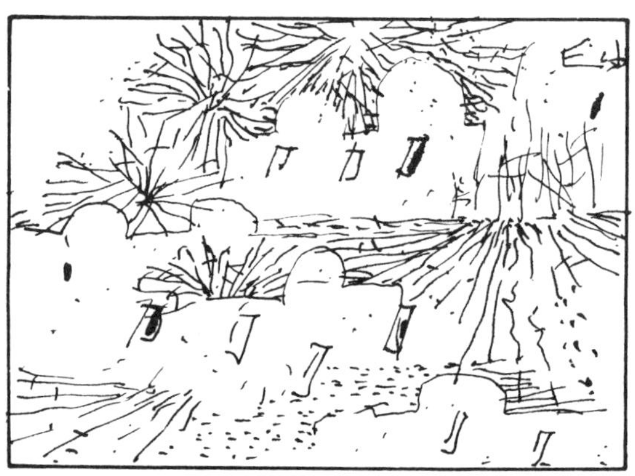

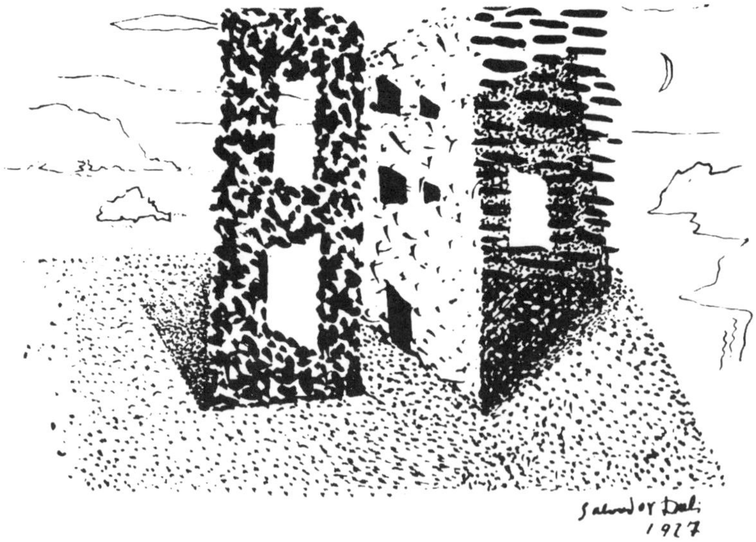

Salvador Dali (geb. 1904)

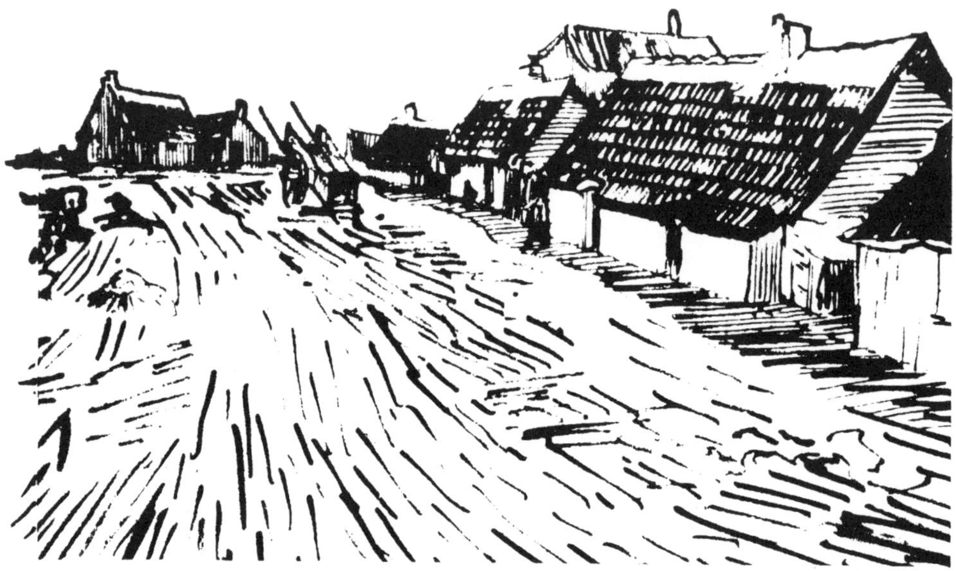

Vincent van Gogh (1853–1890)

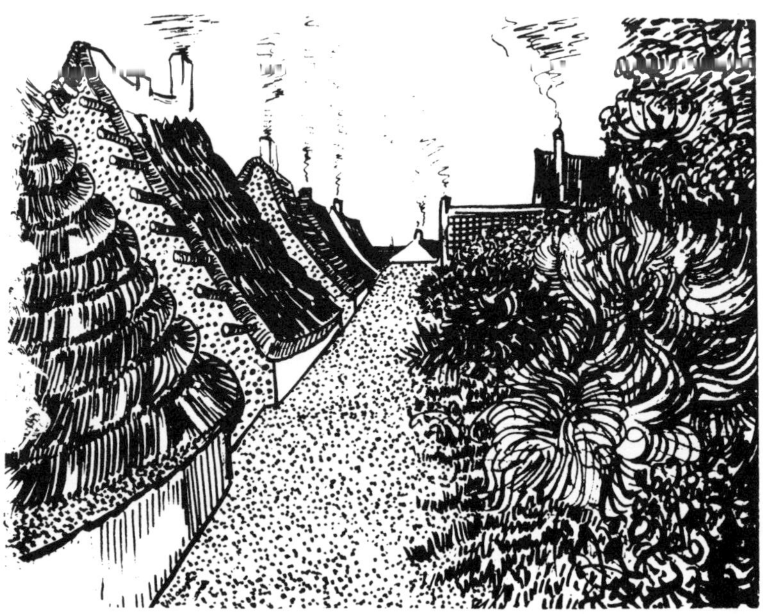

Vincent van Gogh

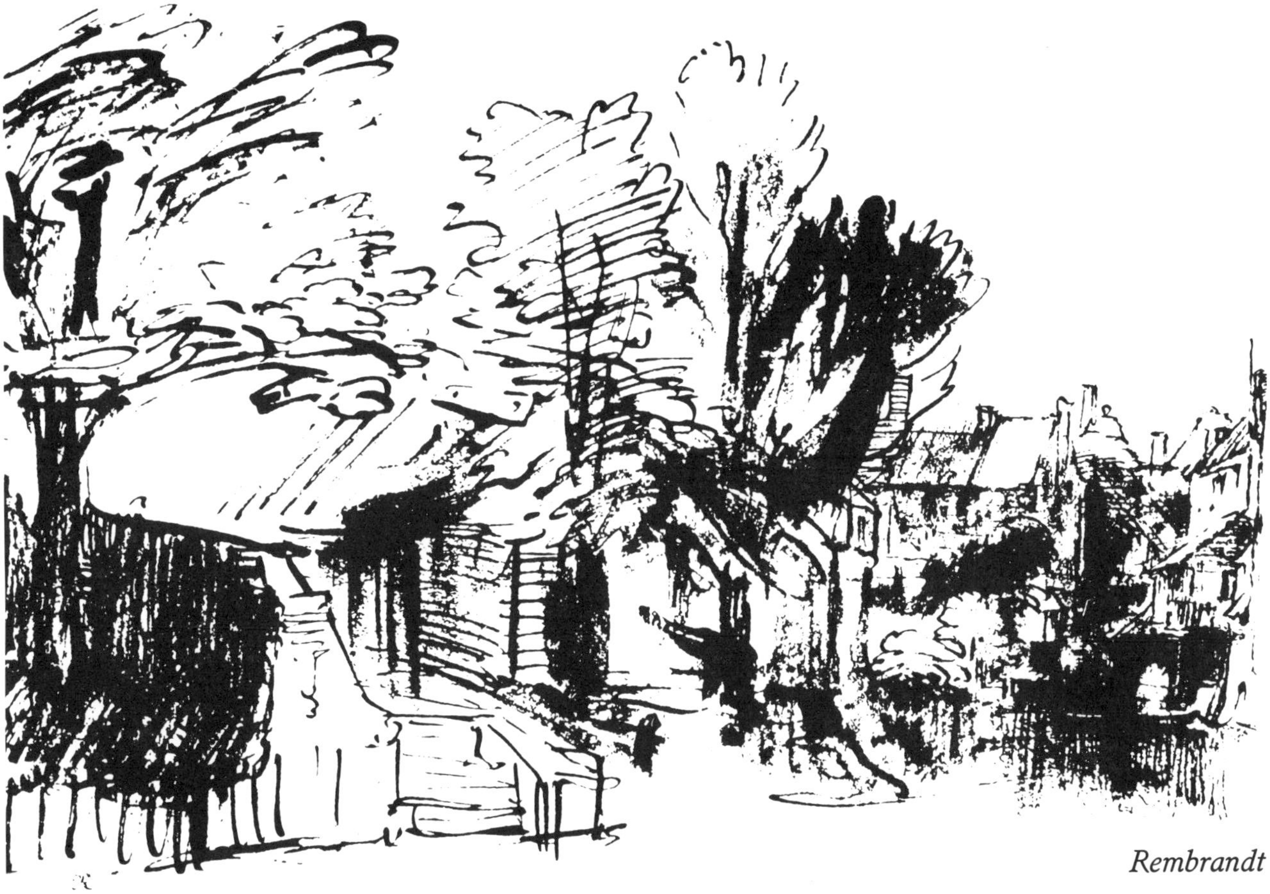

Rembrandt

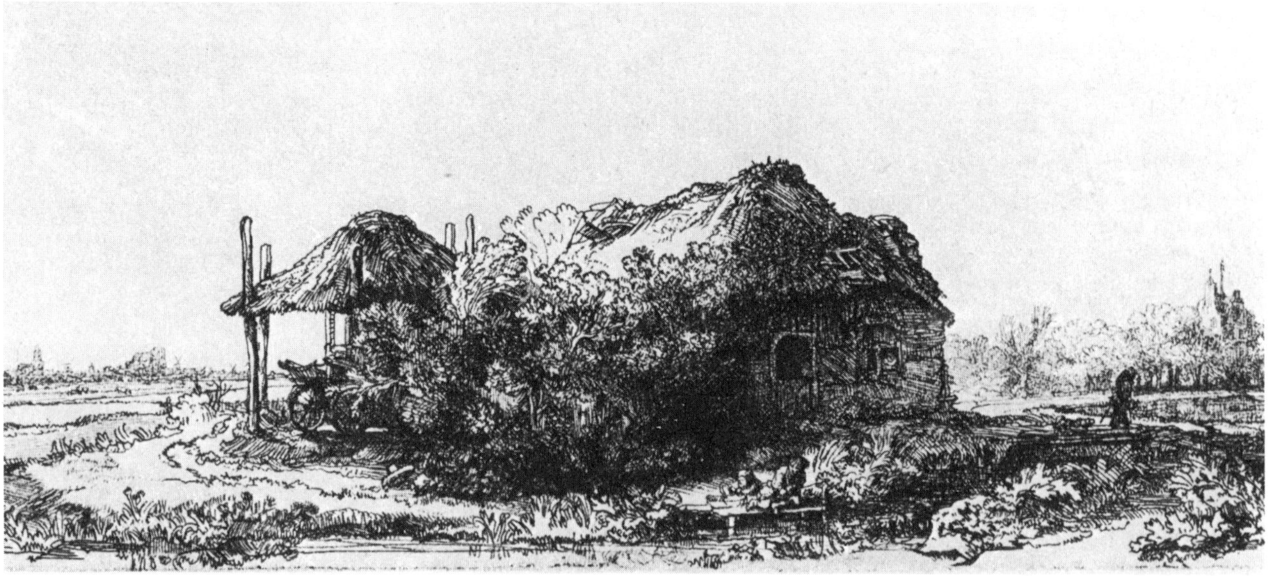

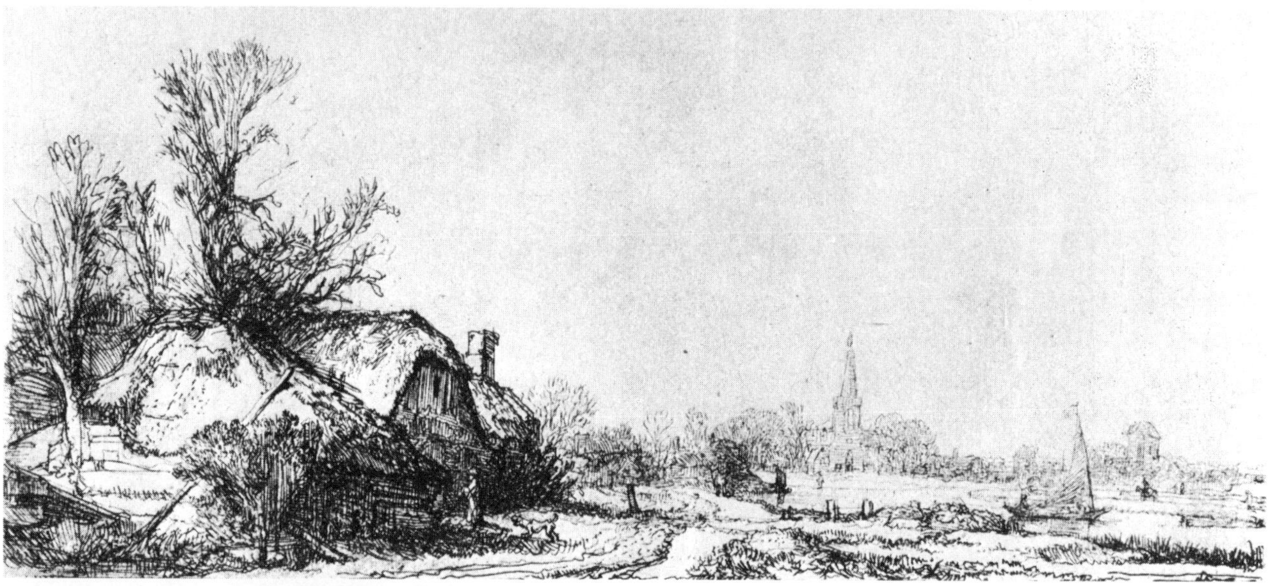

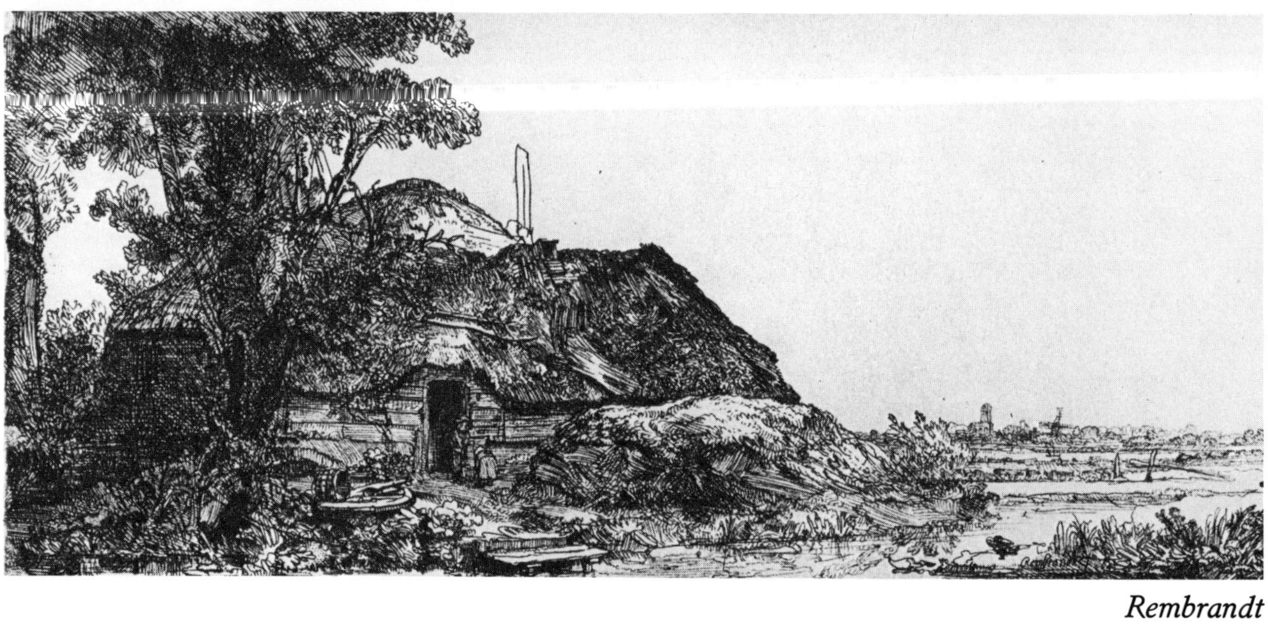

Rembrandt

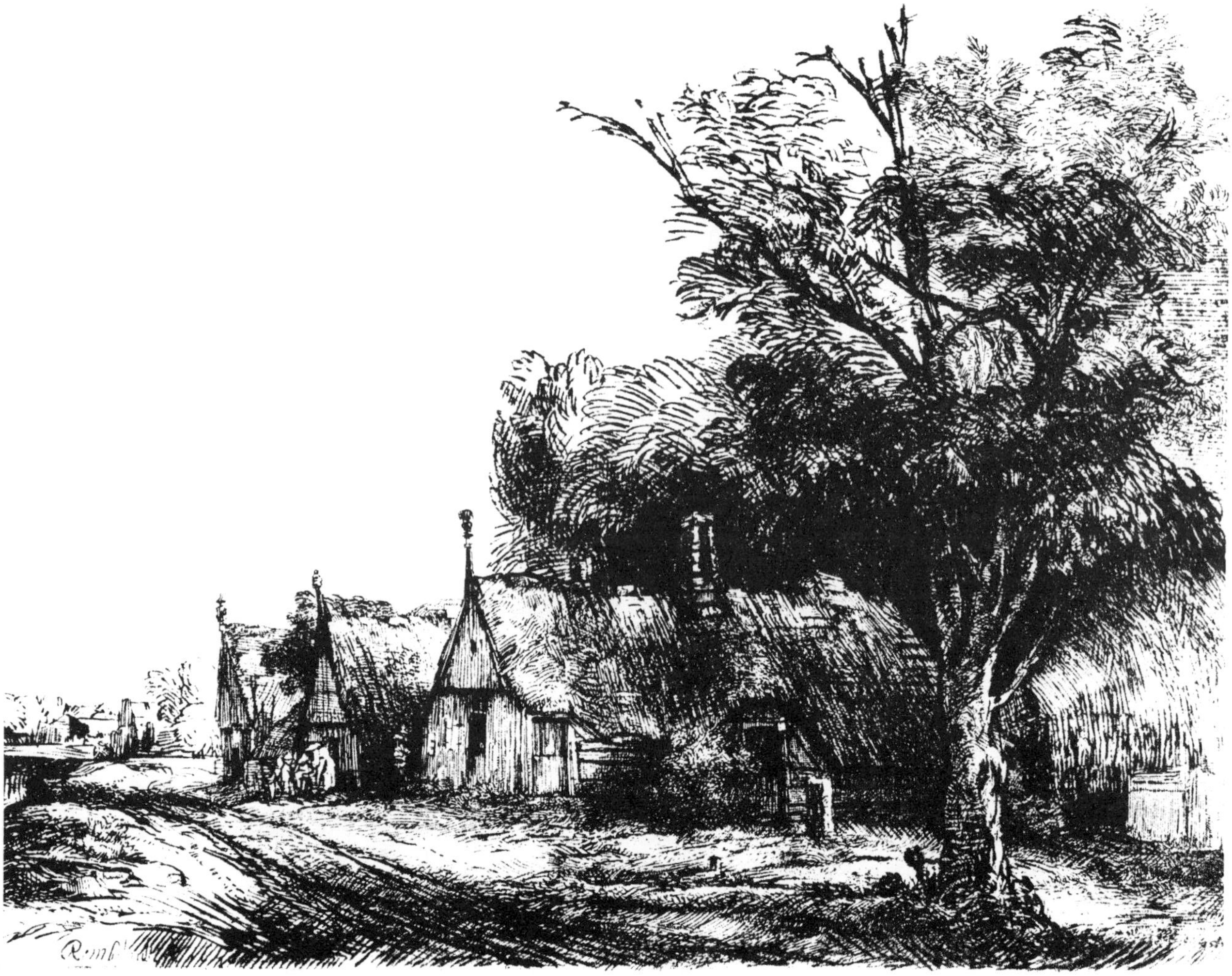

Rembrandt

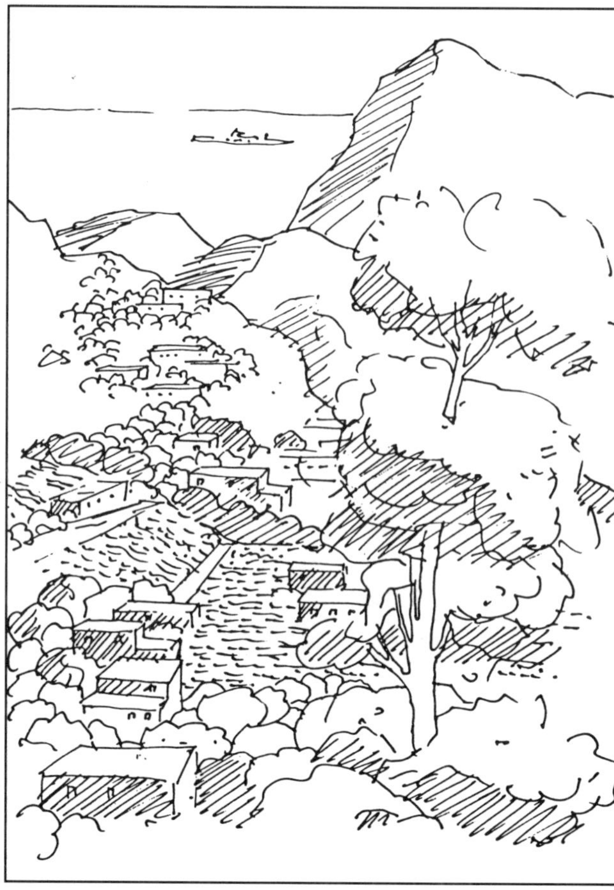

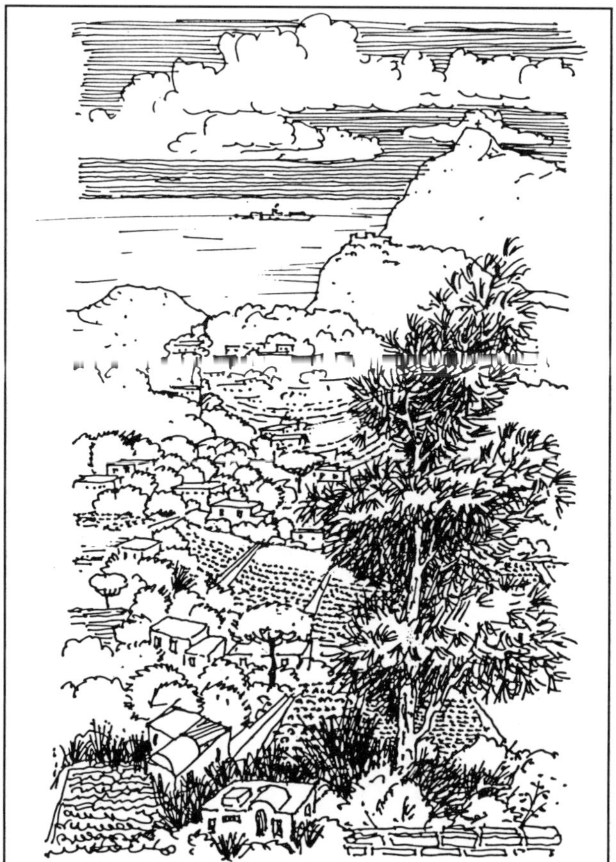

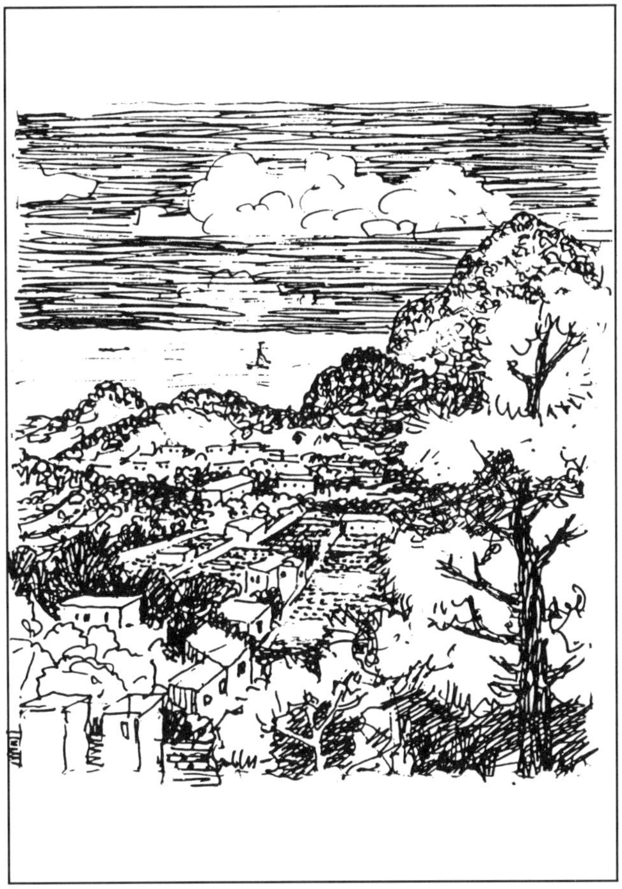

Versuchen Sie eine ähnliche Landschaftssituation zu erfinden (Meereshorizont, der von sich überschneidenden Bergen unterbrochen wird, einige Häuser, Vegetation, Felderstrukturen, ein Baum im Vordergrund). Variieren Sie Ihre Erfindung mit verschiedenen graphischen Mitteln.

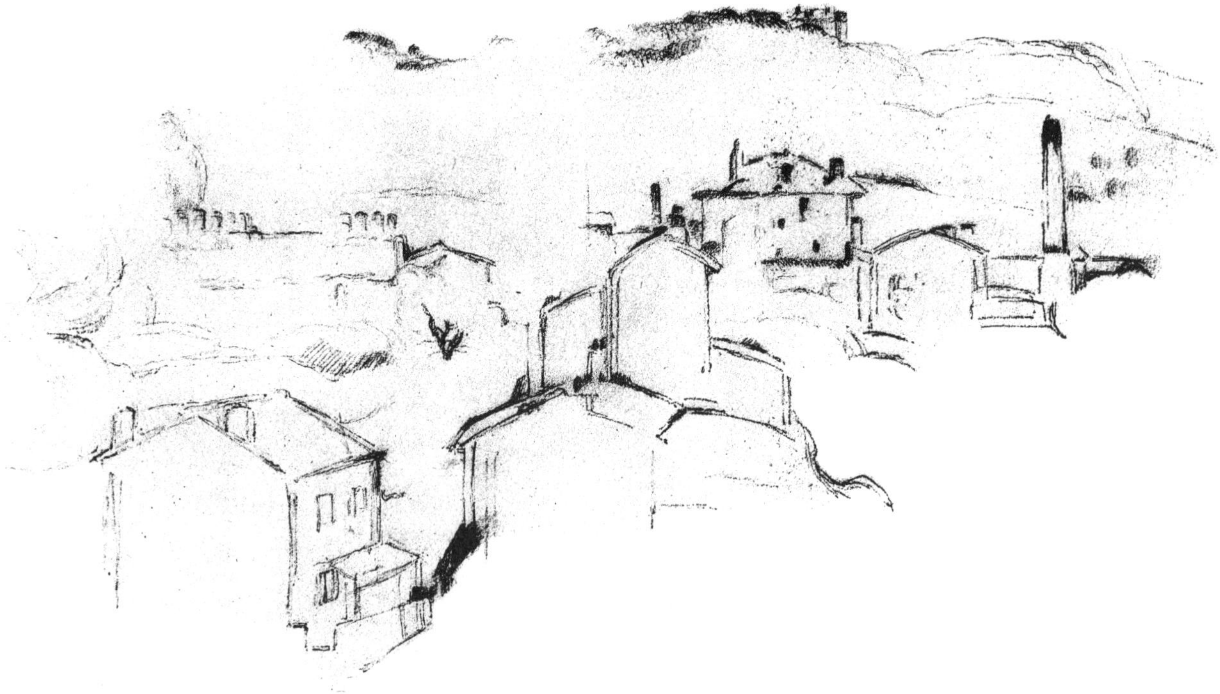

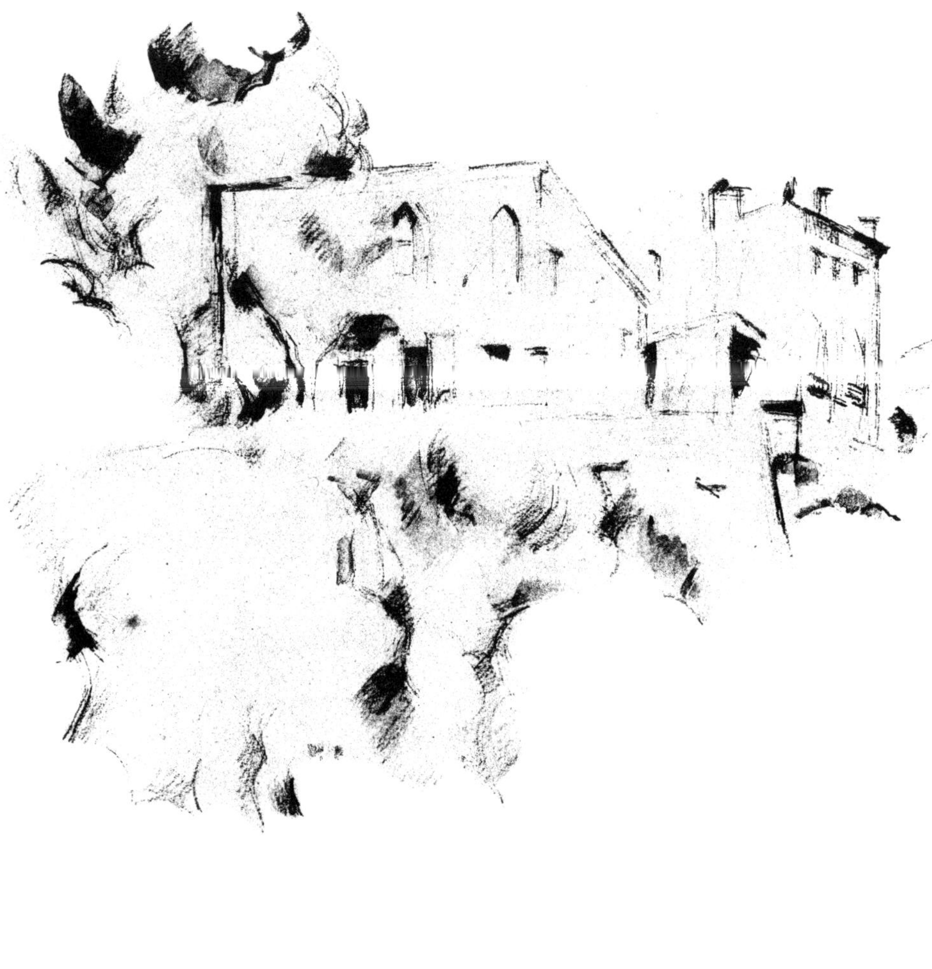

Paul Cézanne

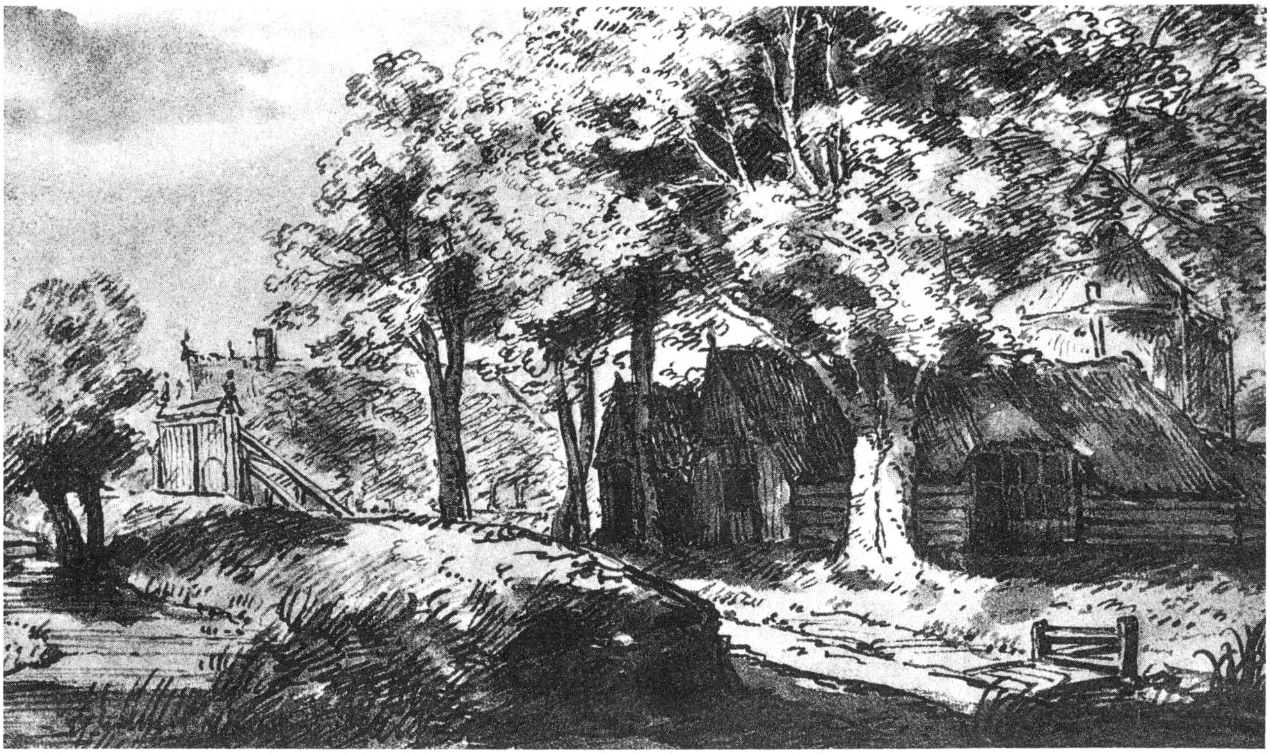

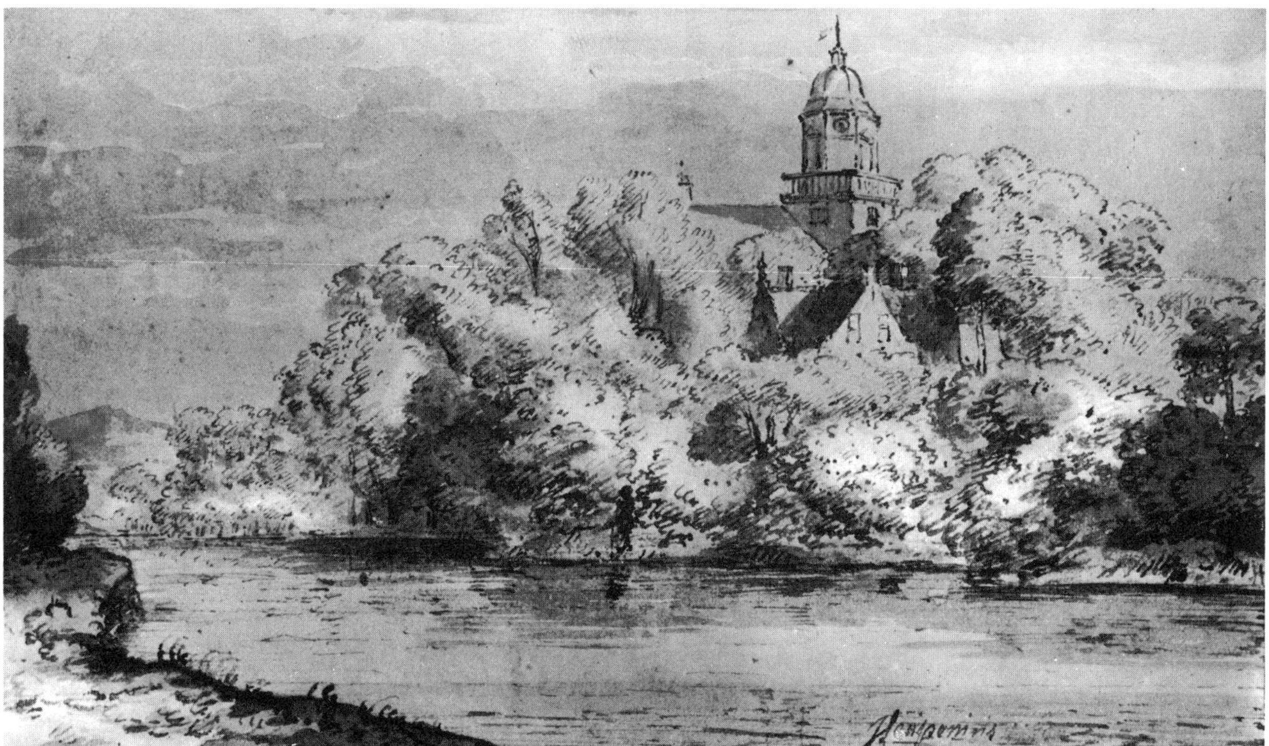

Johannes Leupenius, 17. Jhd.

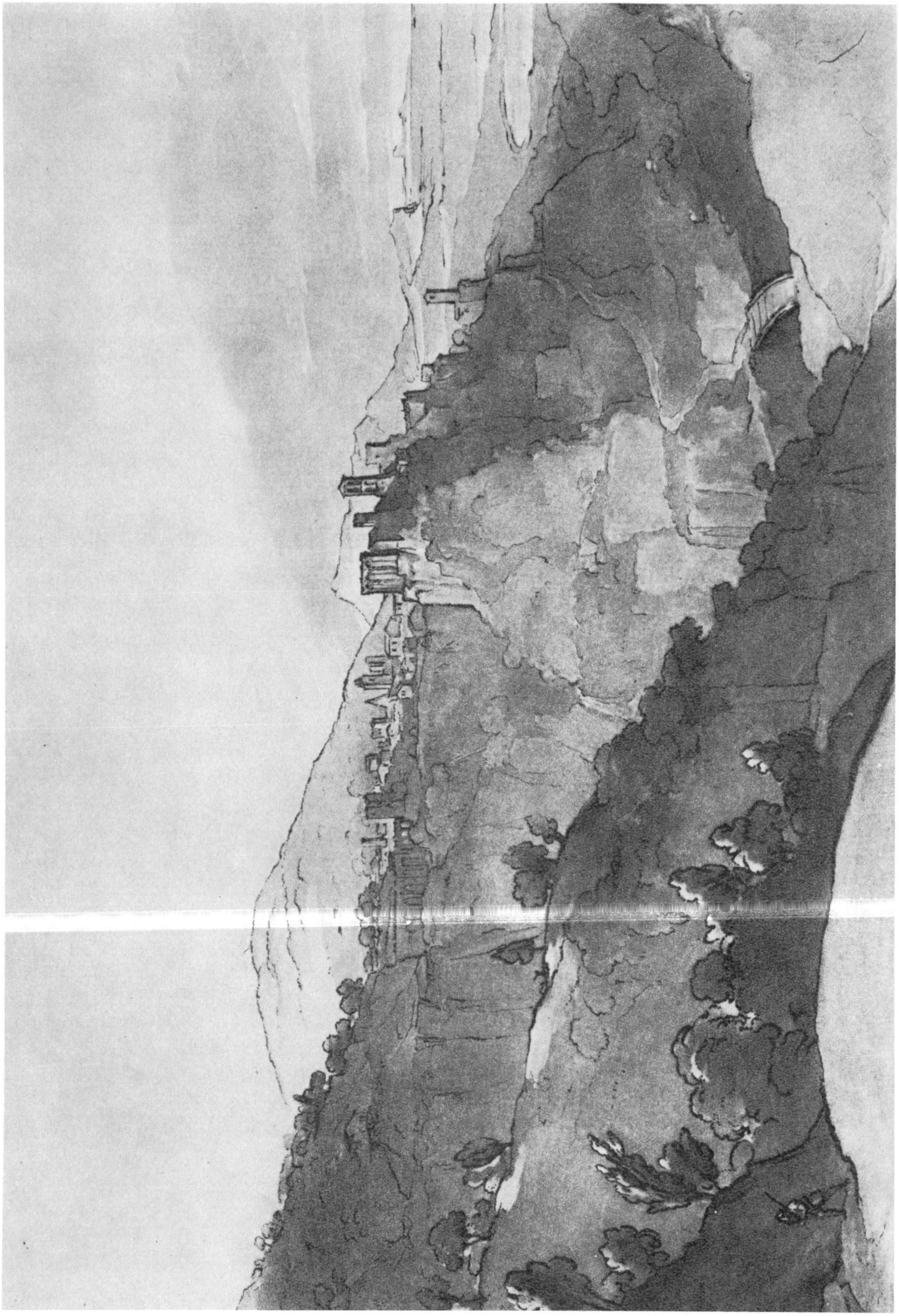

▽ △ *Claude Lorrain*

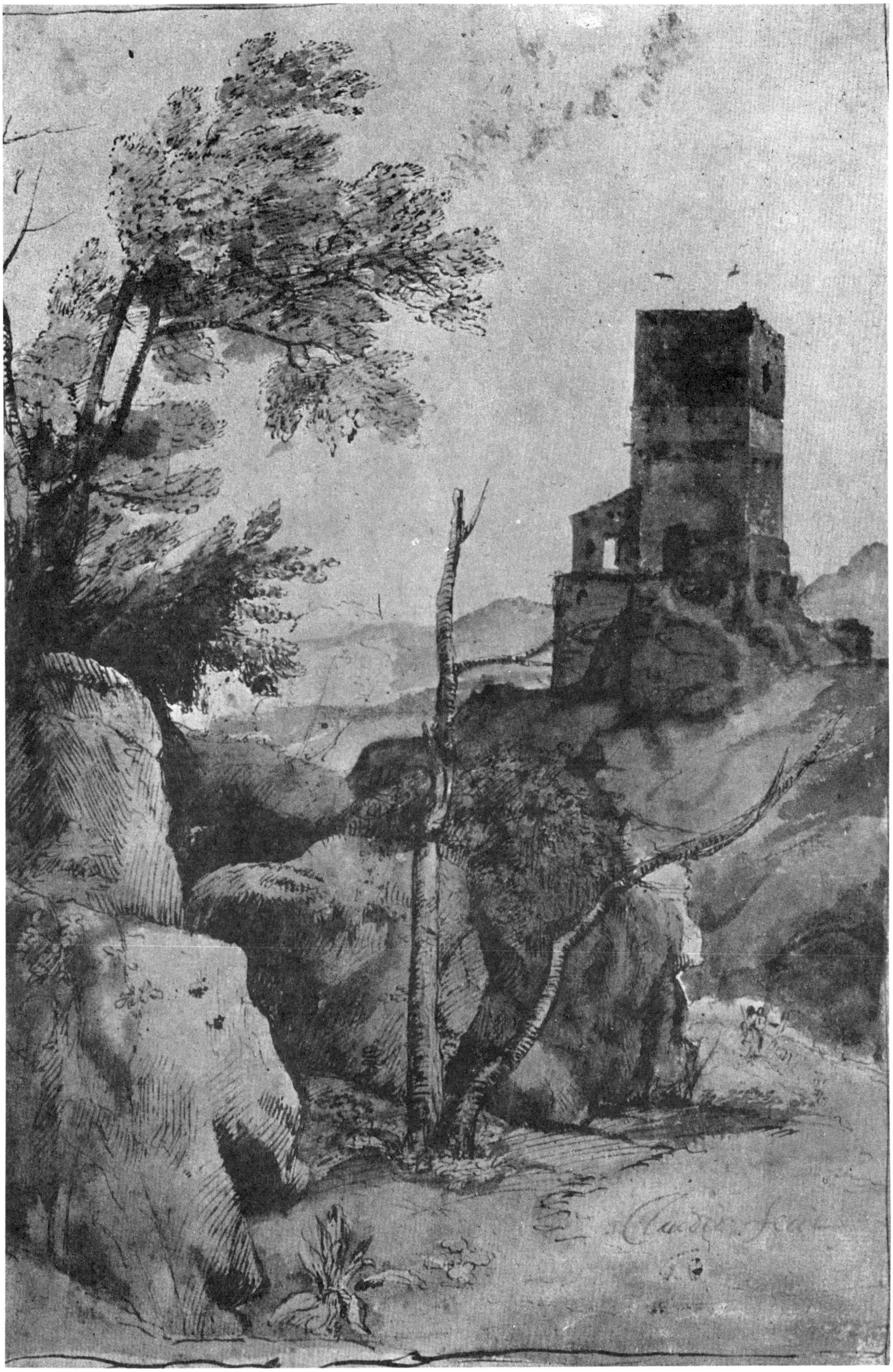

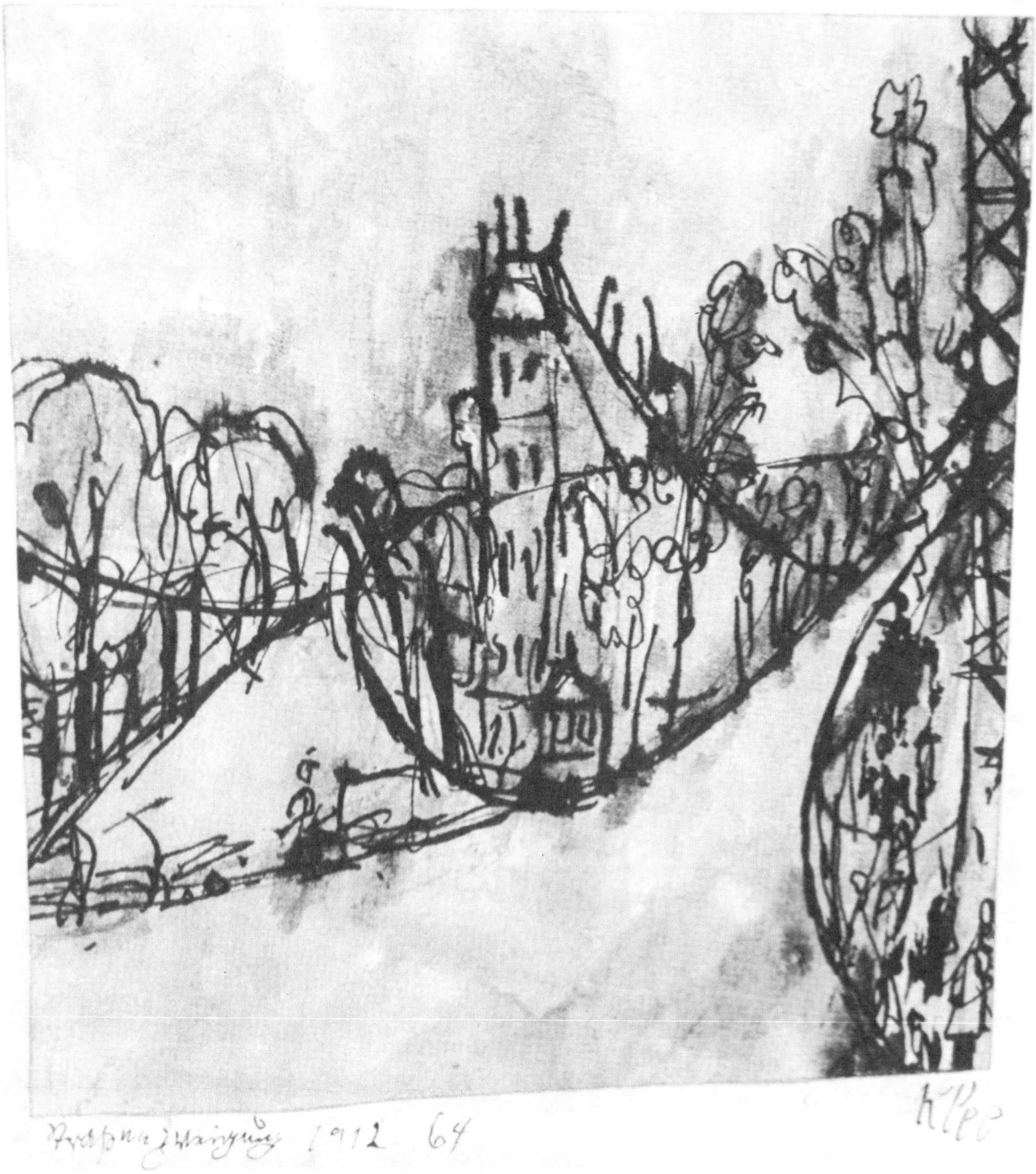

Paul Klee

Paul Klee verfügt über eine faszinierend ausdrucksstarke Linienführung. Versuchen Sie ein Ihnen geläufiges Motiv einmal blind zu zeichnen. So schalten Sie Ihre Sehschemata aus und erreichen eine neue, überraschende Sensibiliät.

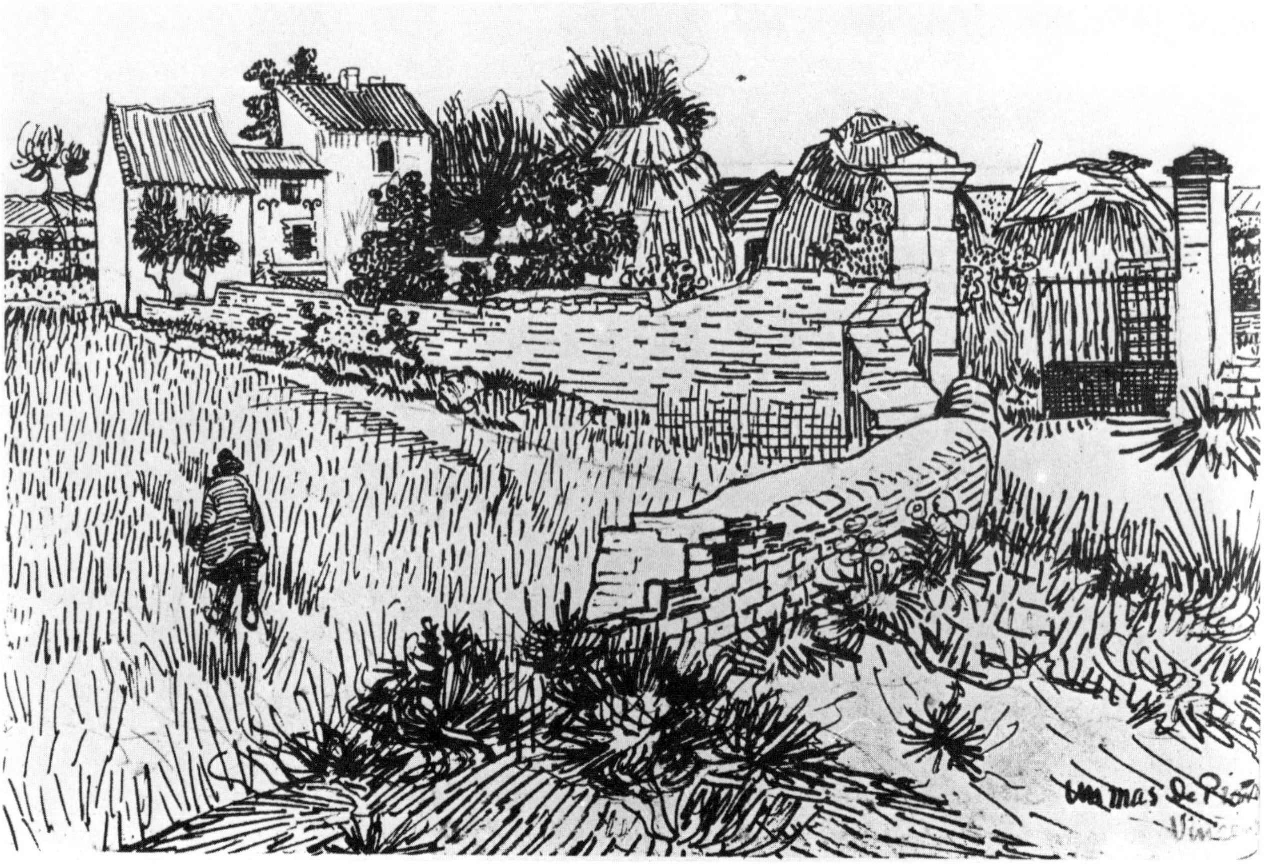

Vincent van Gogh

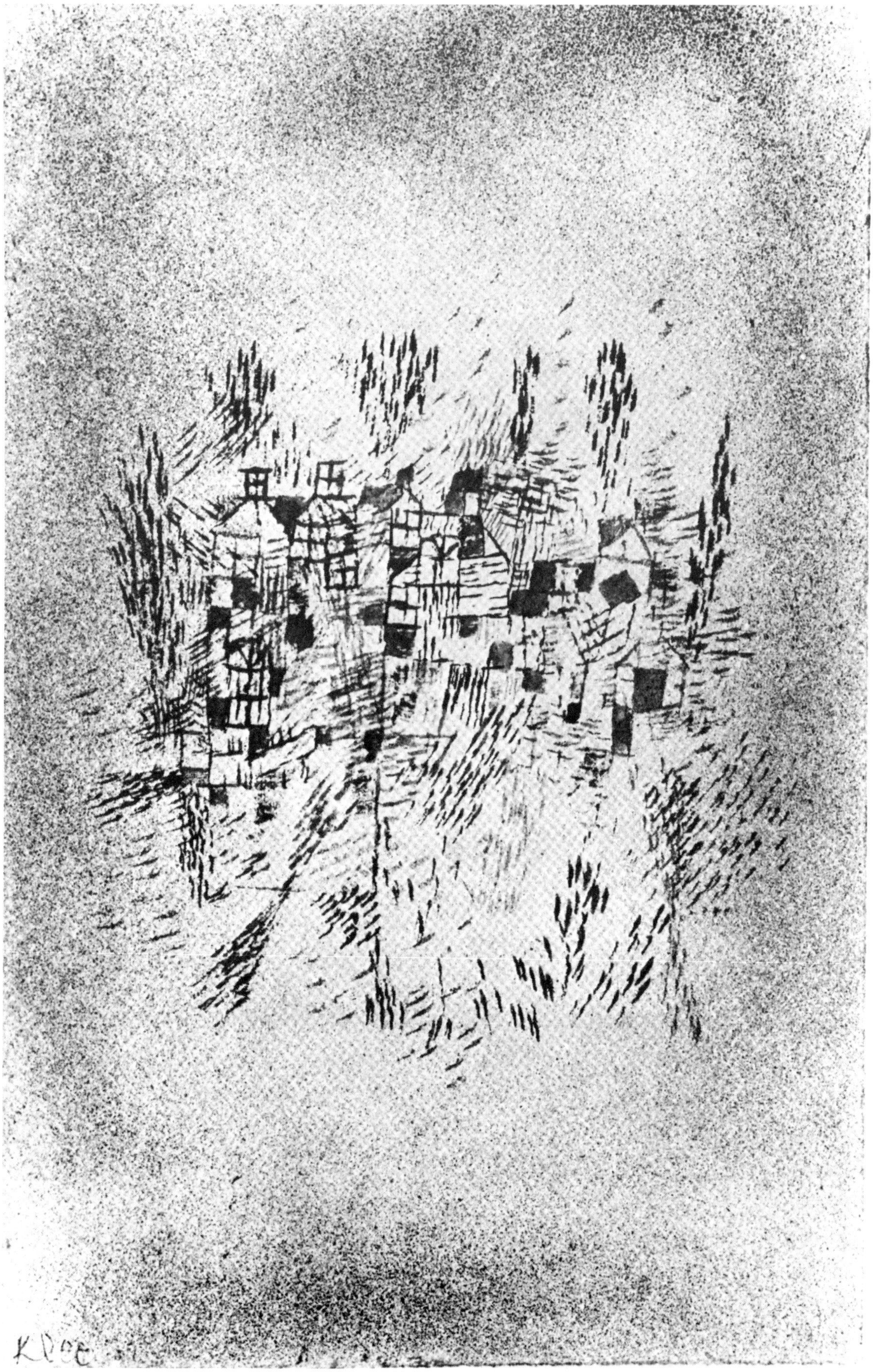

Paul Klee

Landschaftsräume

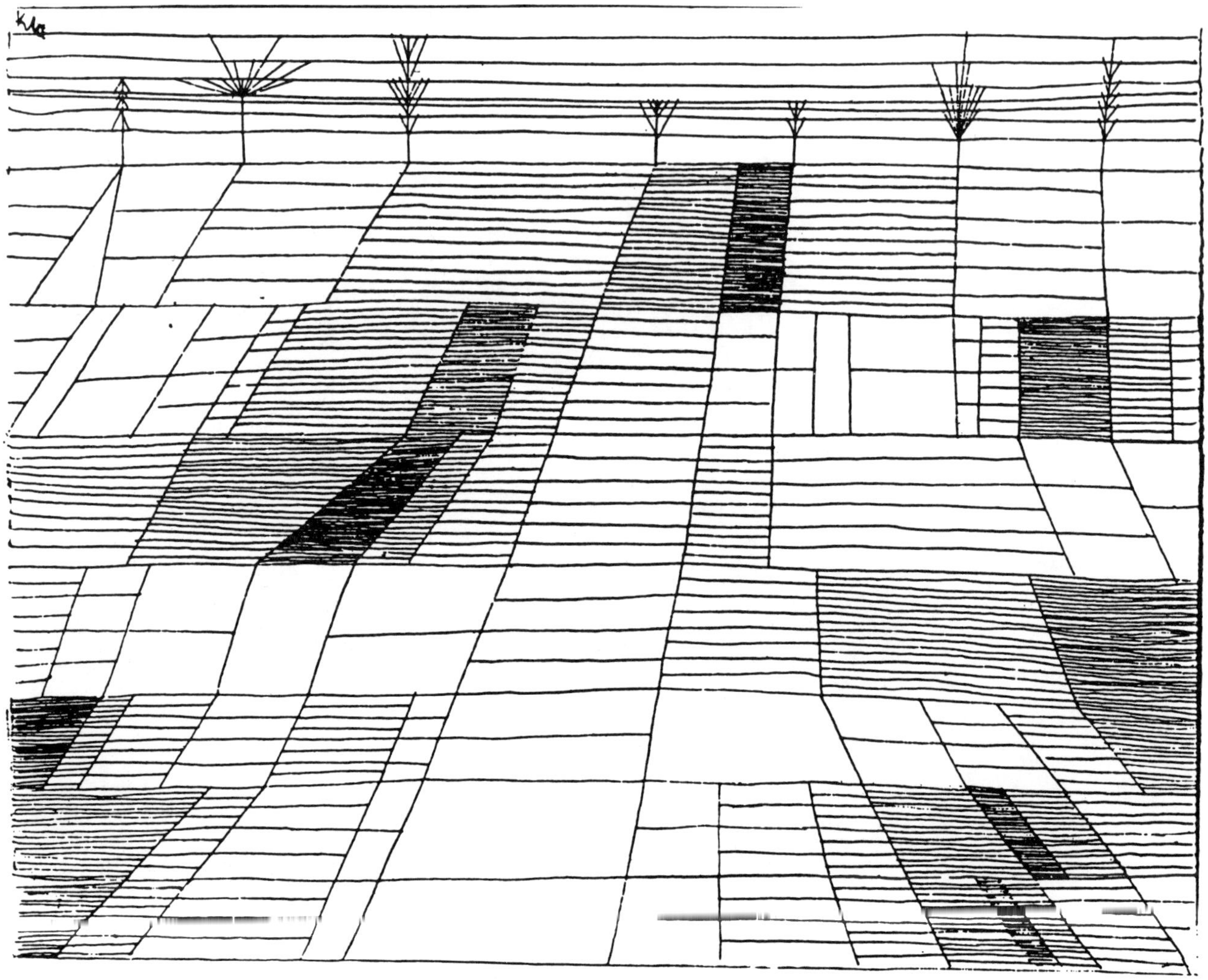

Paul Klee

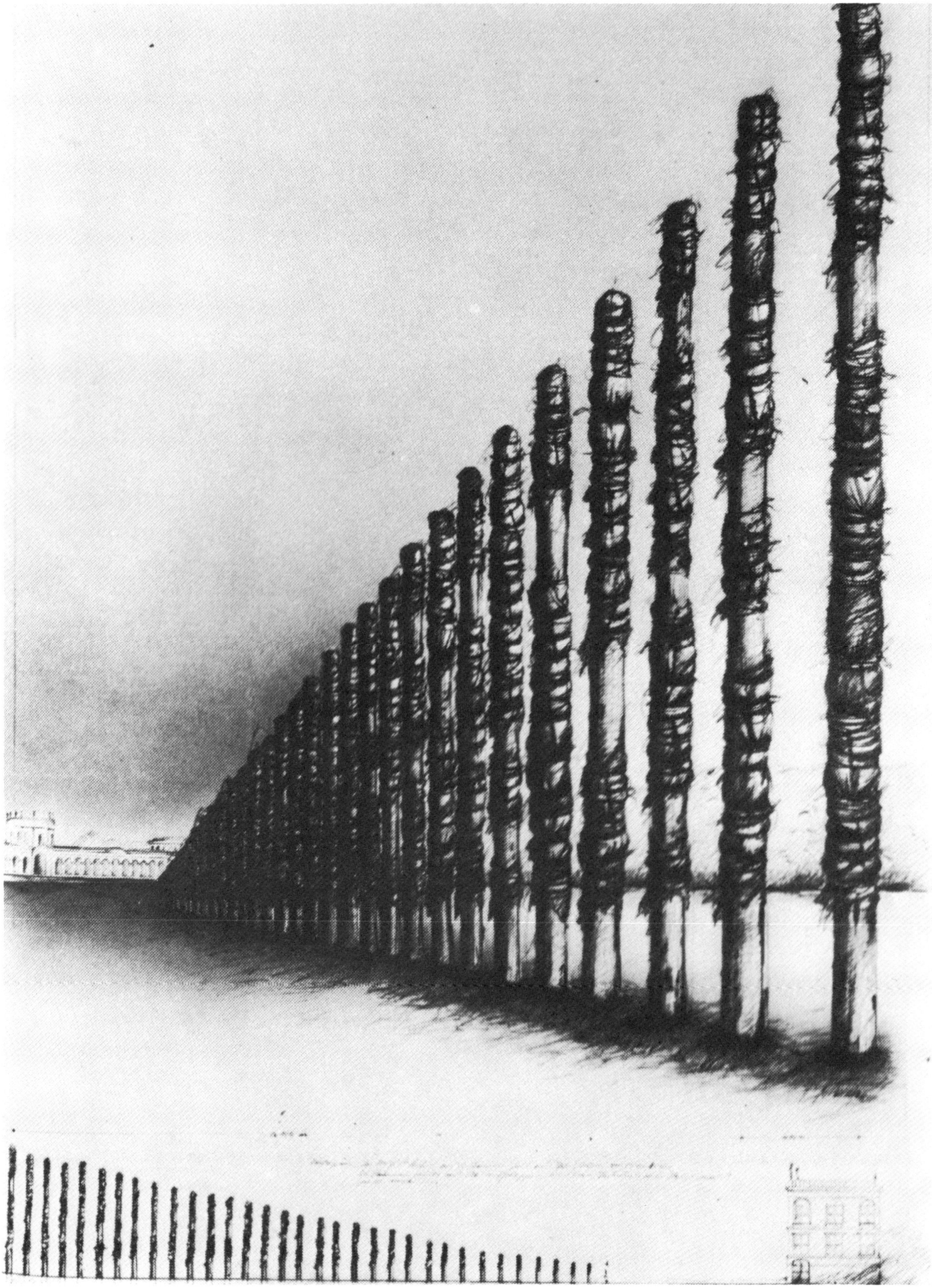

Hans Voth, 1976

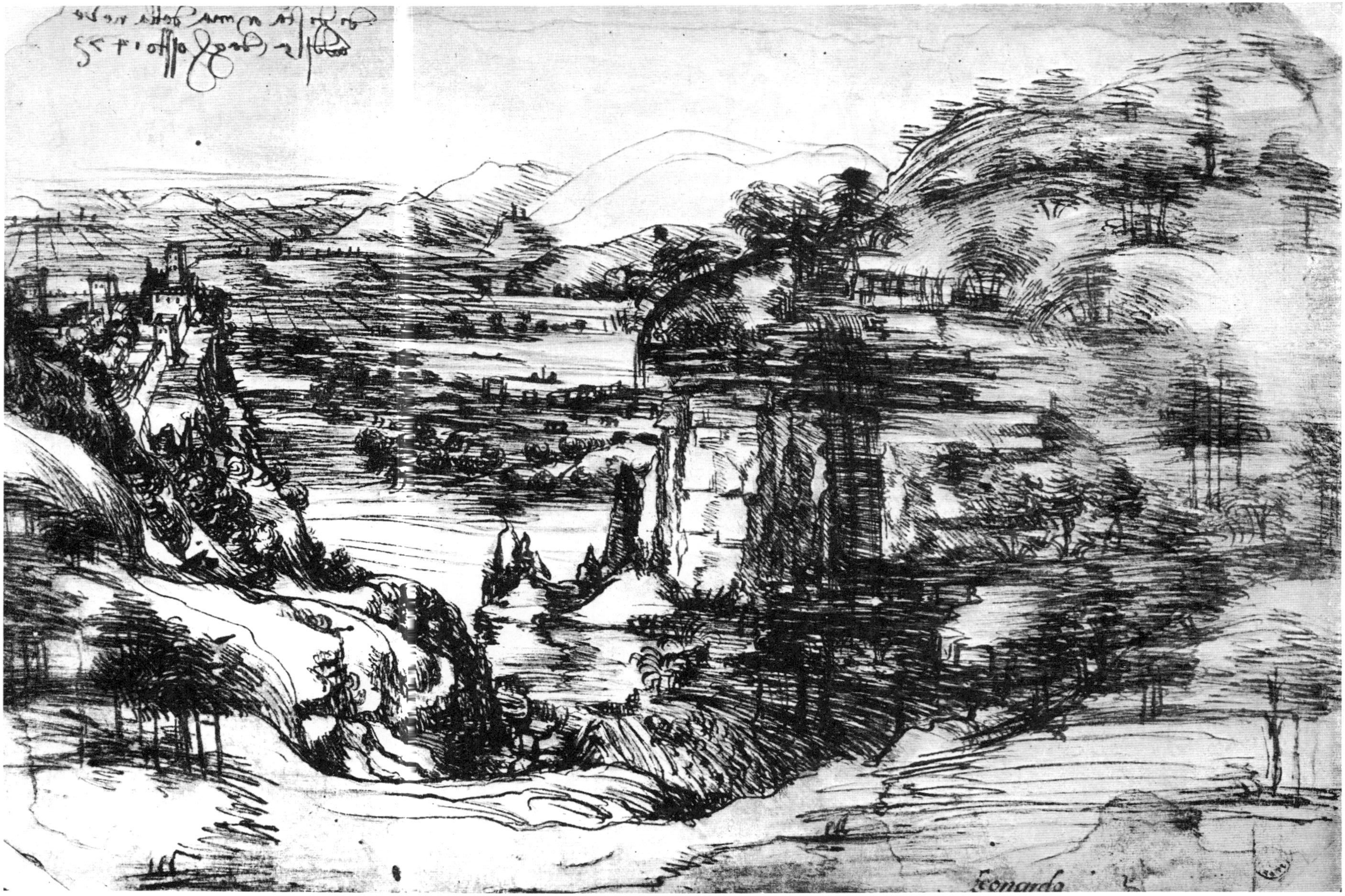

Leonardo da Vinci, erste Landschaftszeichnung, 1473

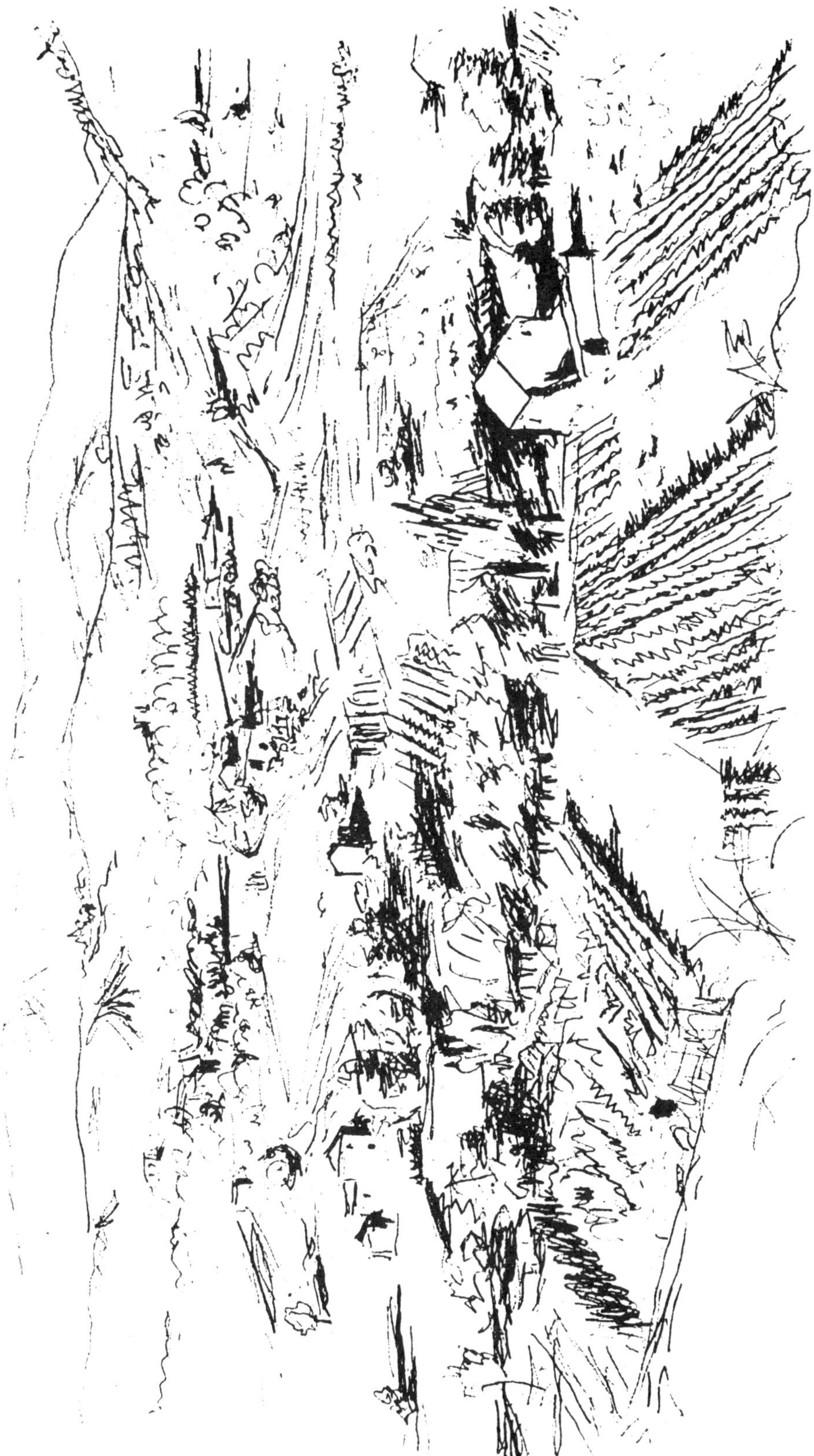

Pablo Picasso

Die waagrechte Gliederung, nach hinten immer enger, schafft eine große Weite. Unten führt unauffällig, aber wirkungsvoll ein sich perspektivisch verkürzender Weg ins Bild.

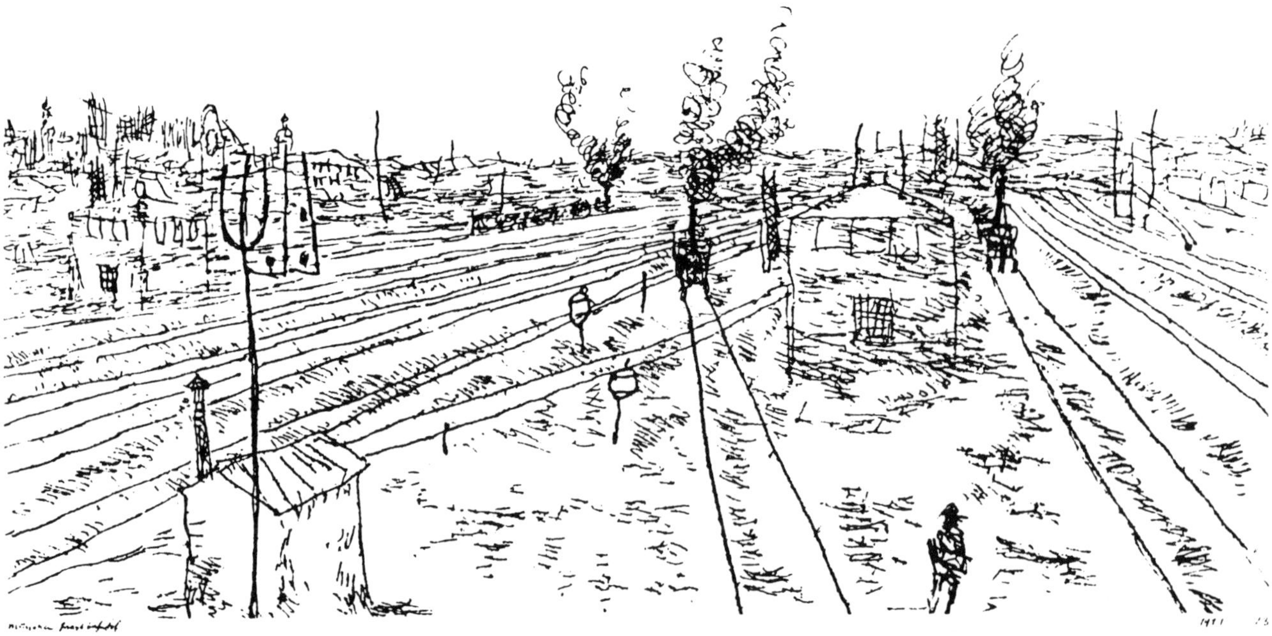

Paul Klee

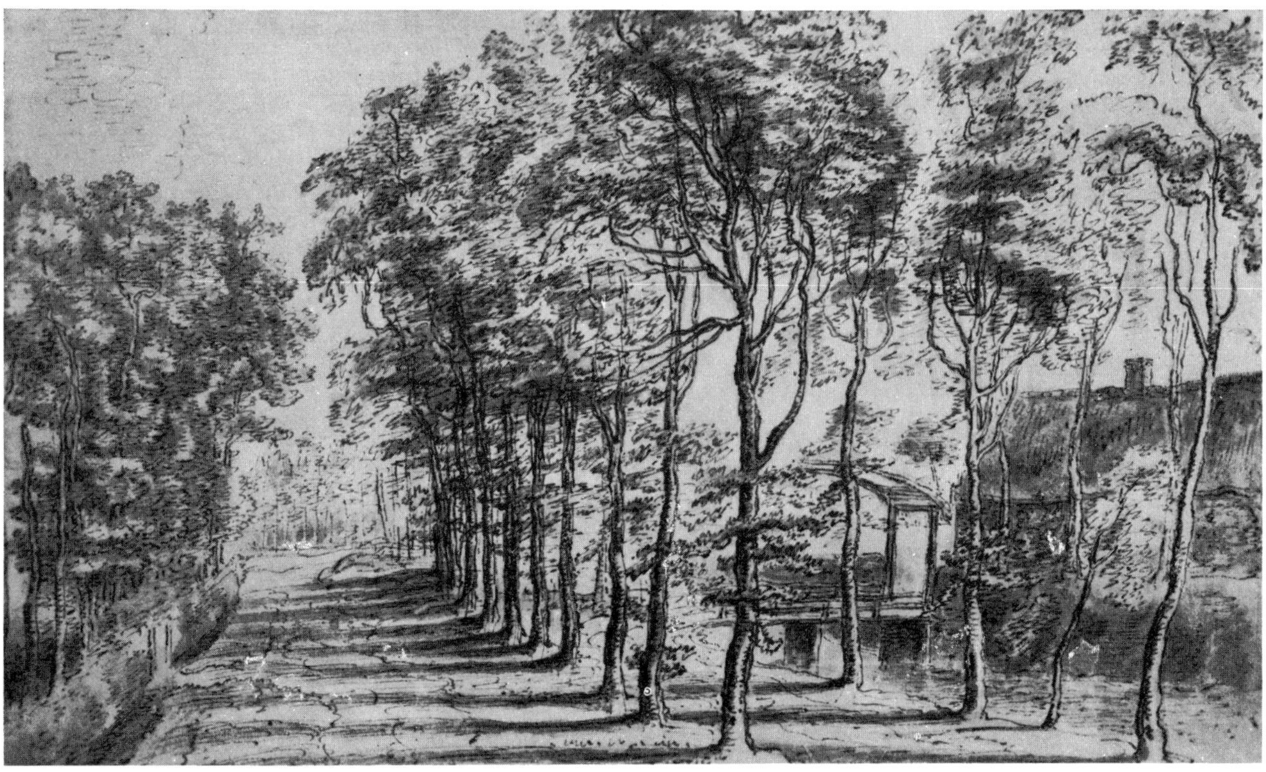

Lucas van Uden, 17. Jhd.

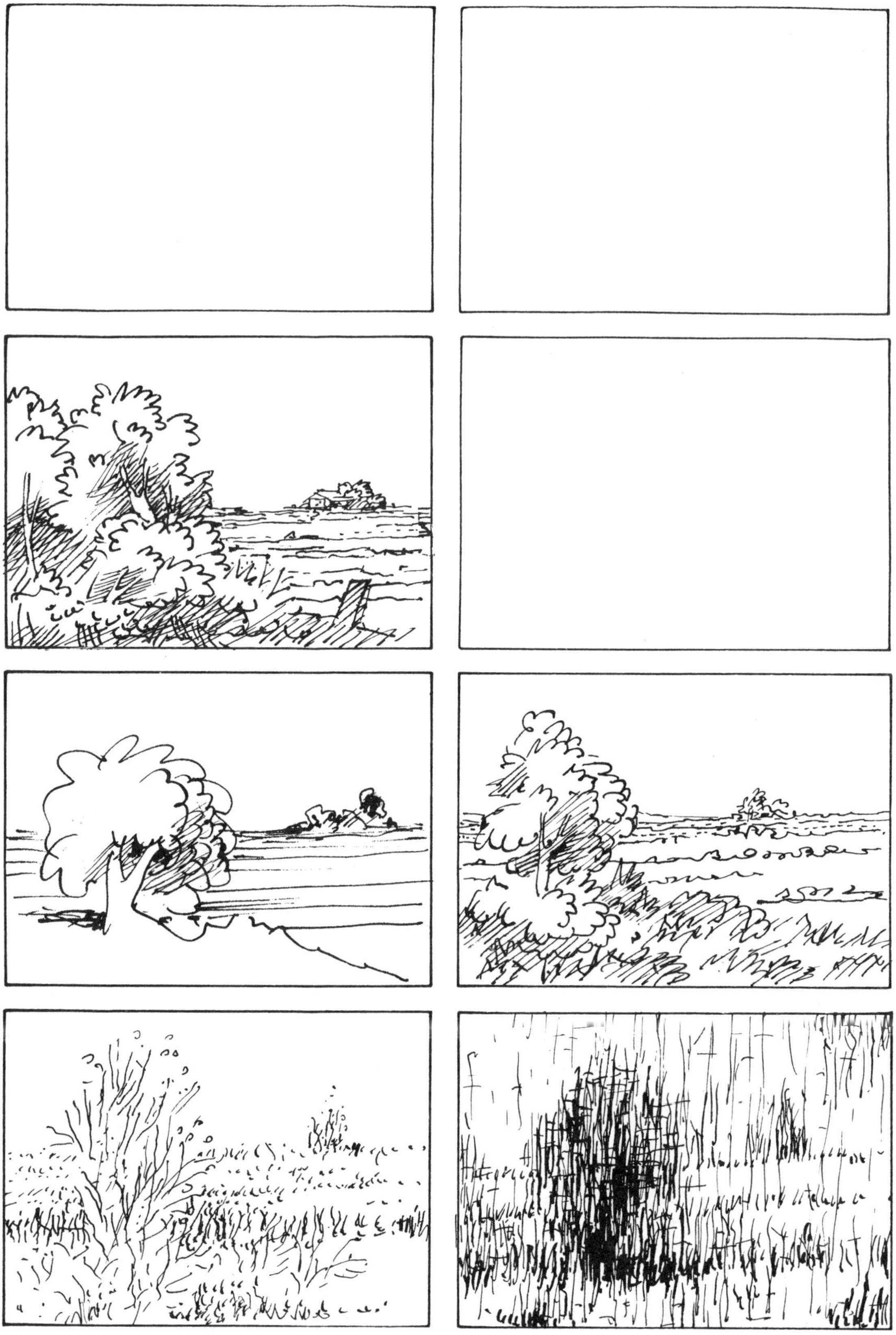

Versuchen Sie Variationen eines Motivs, das in der Landschaftsgestaltung häufig Grundschema ist: Vorne groß – Hinten klein, waagrechte Gliederung mit kleiner werdenden Abständen. Das Hauptmotiv im Vordergrund überschneidet den Horizont.

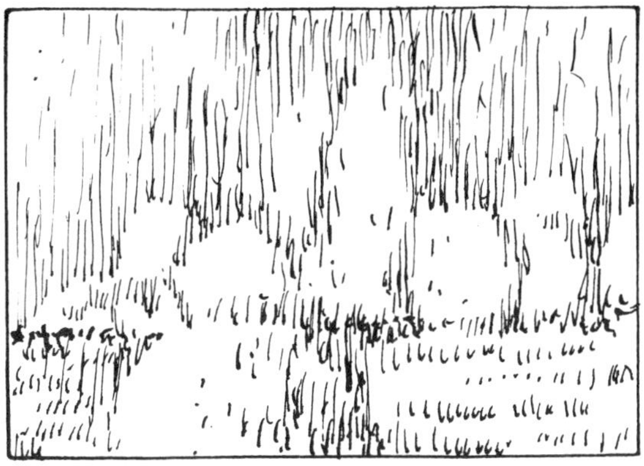

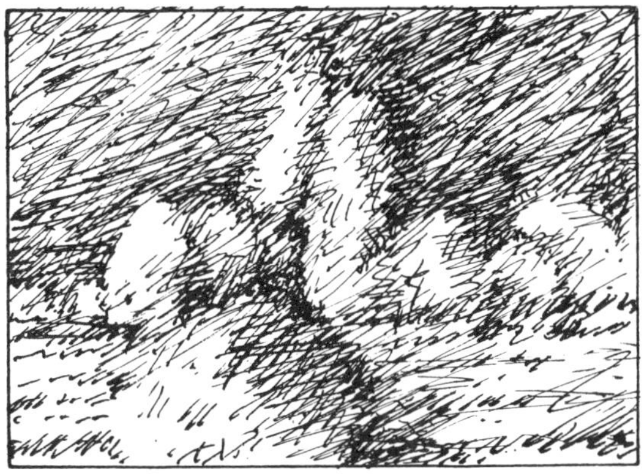

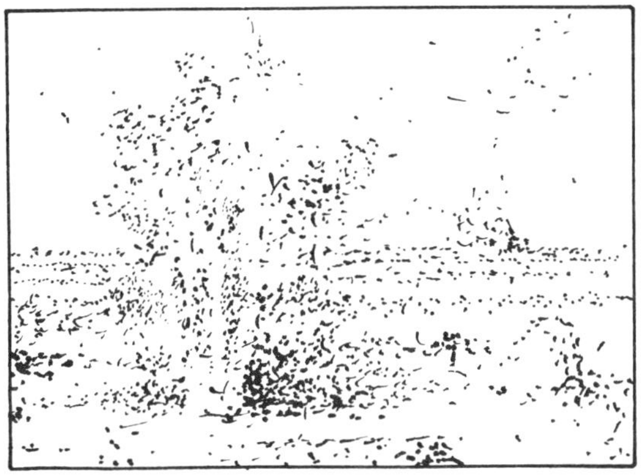

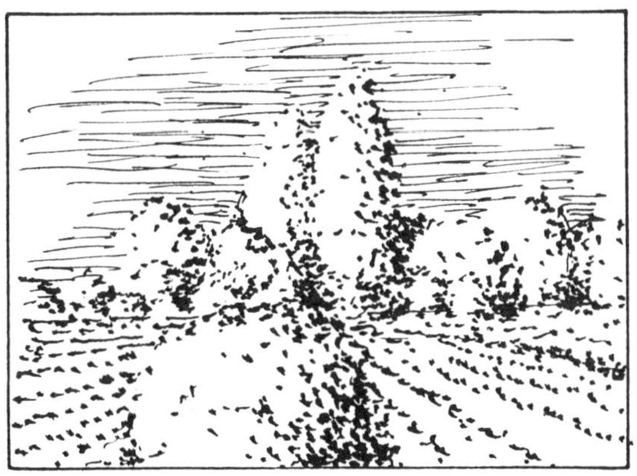

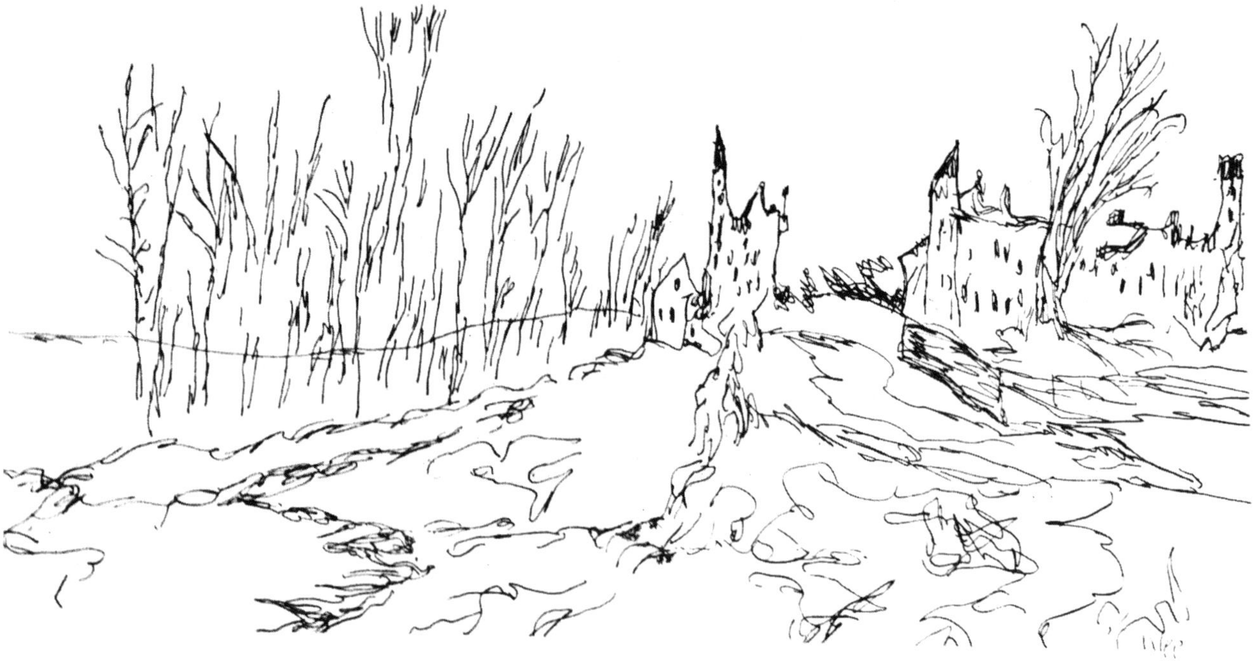

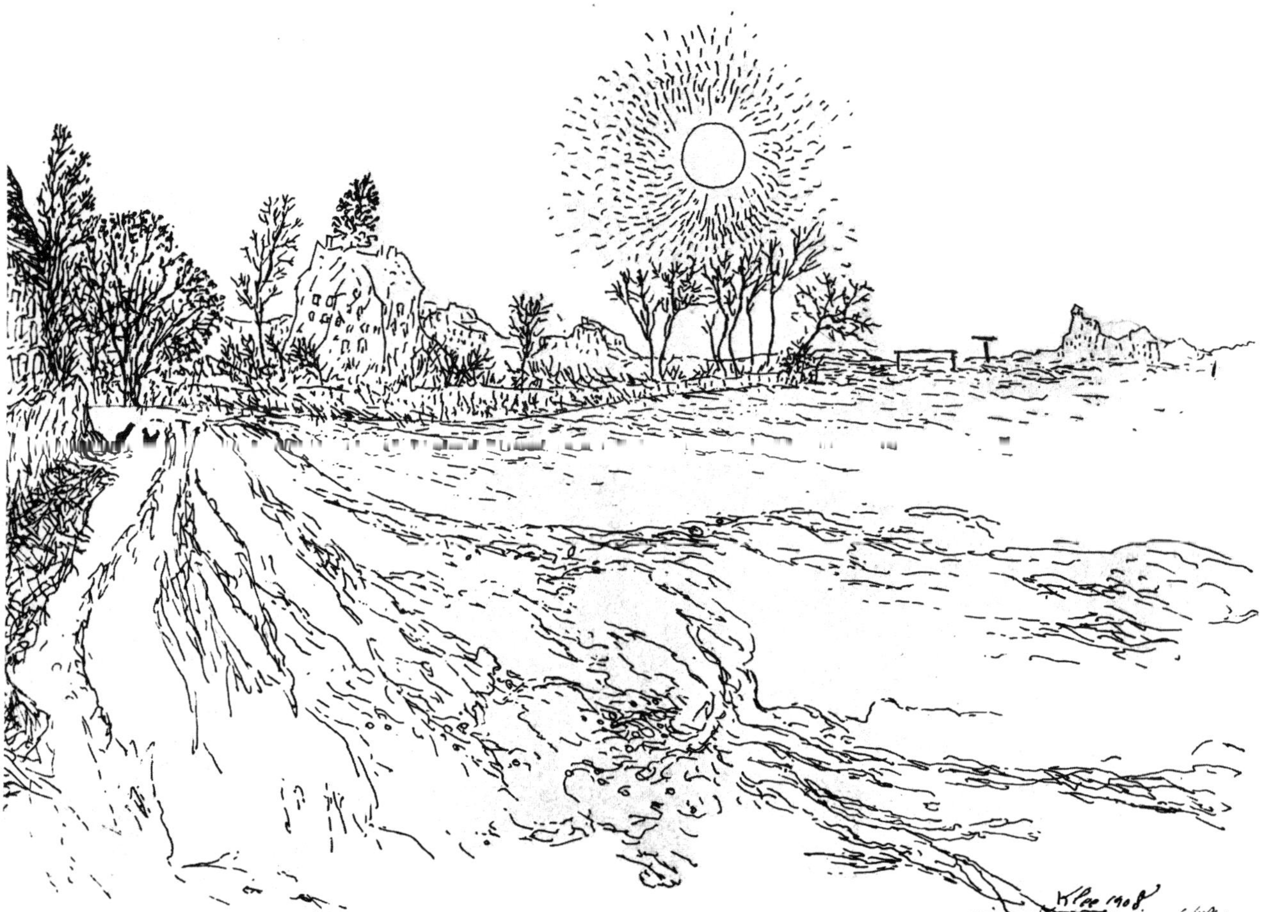

Paul Klee

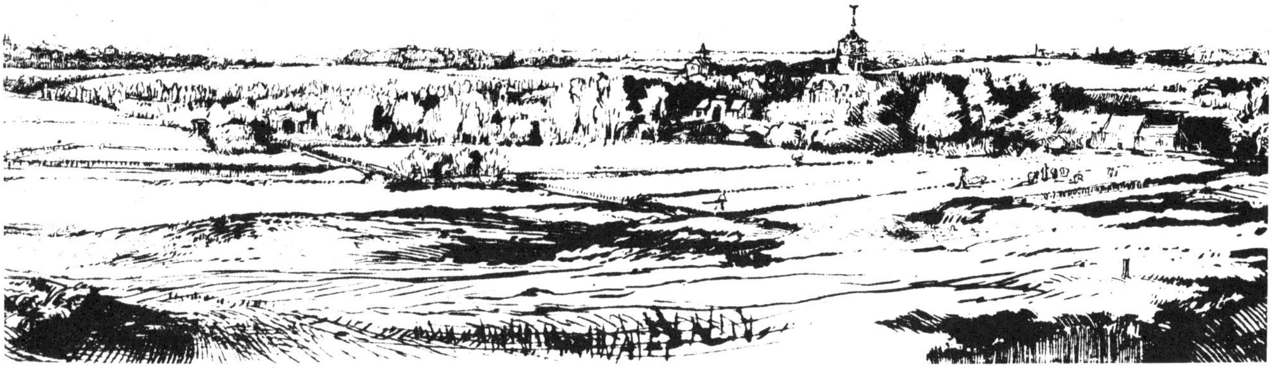

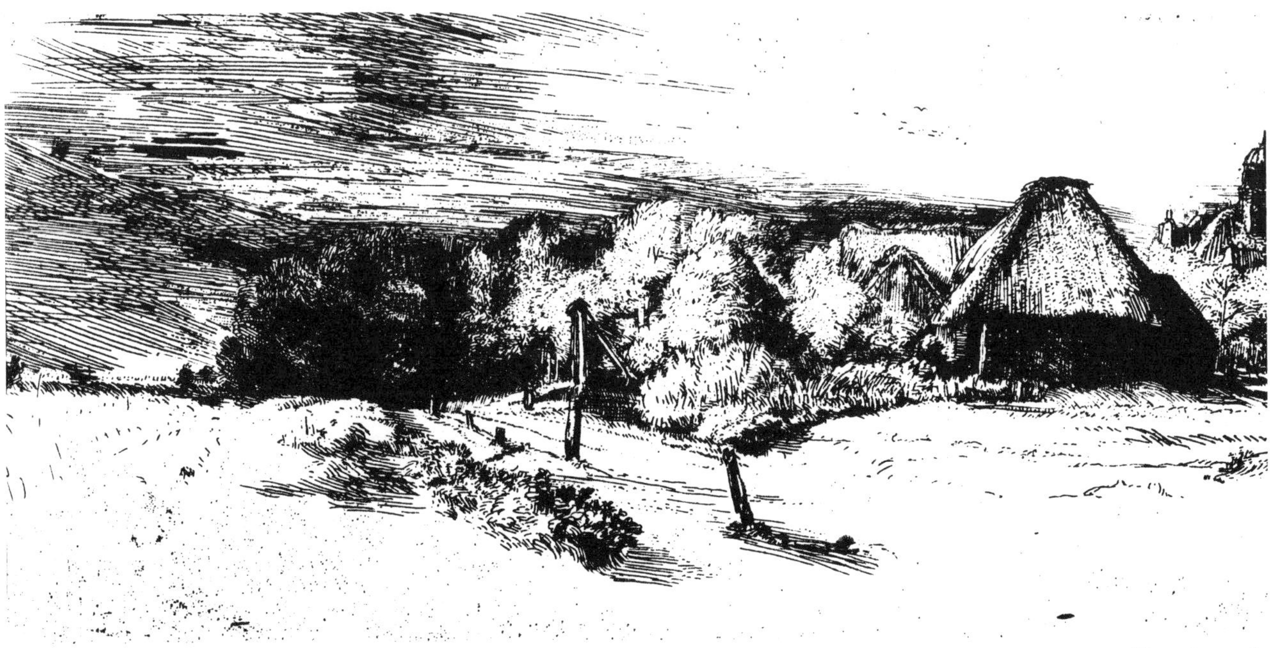

Rembrandt

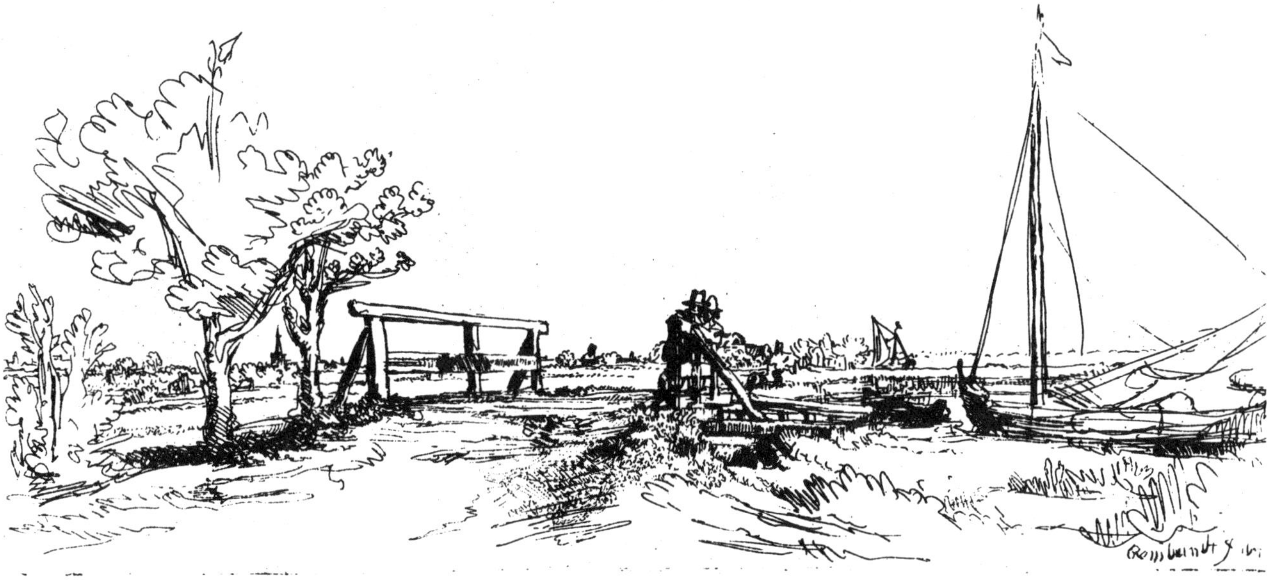

Rembrandt

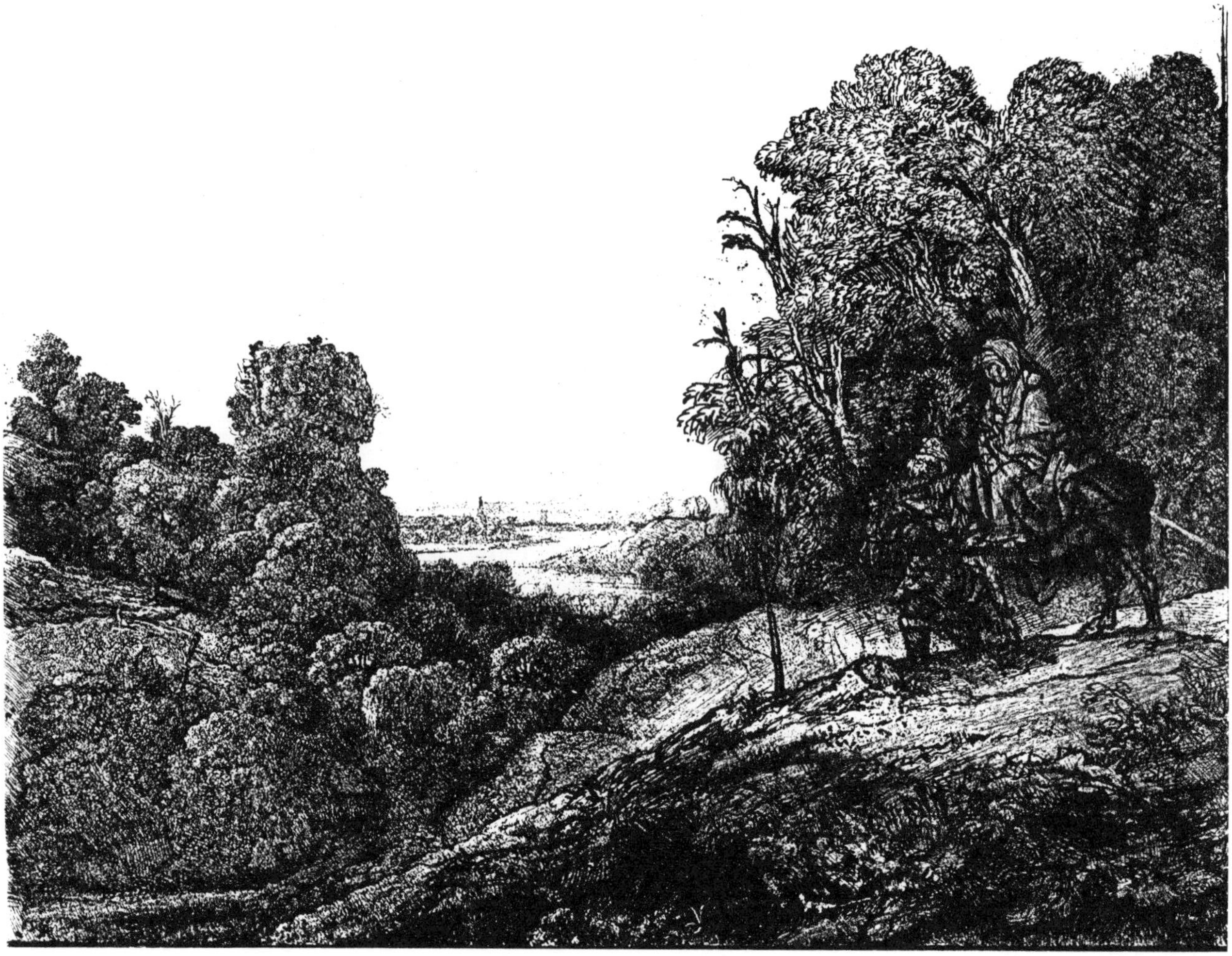

Rembrandt

Die Kästen auf den folgenden Seiten sollen Ihre ersten Übungen begrenzen. Beschränken Sie sich vorerst auf diese kleinen Formate.

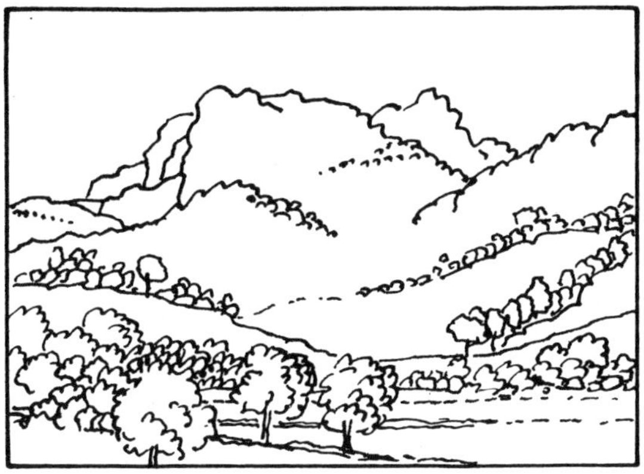

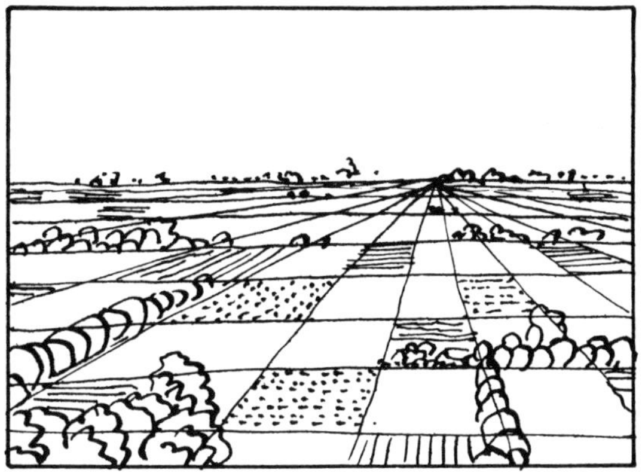

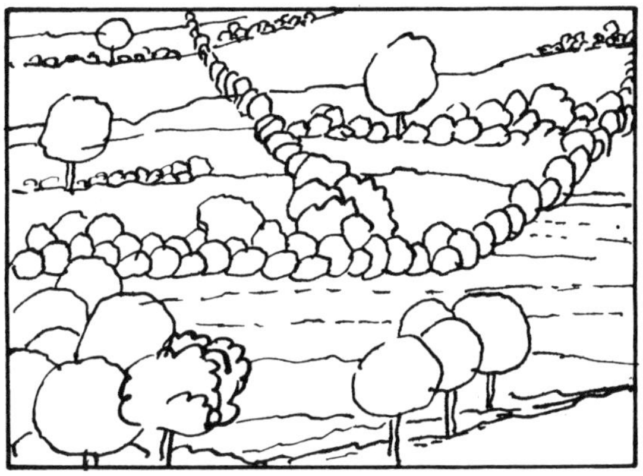

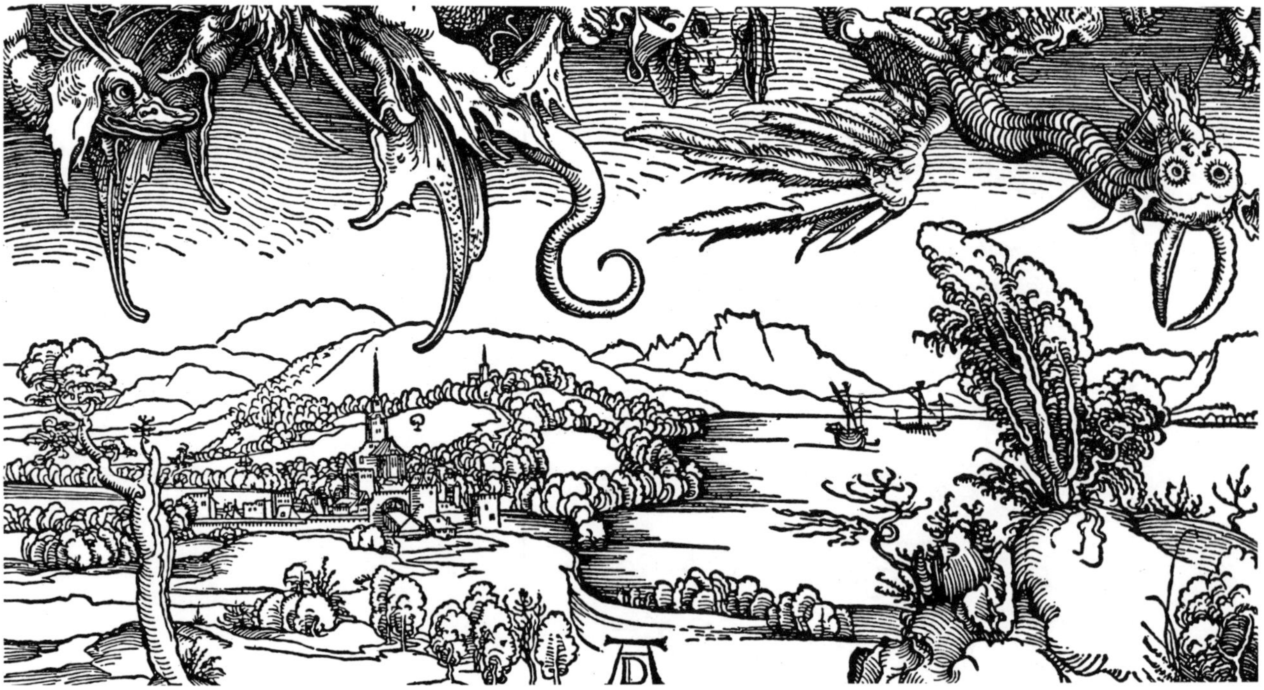

Albrecht Dürer (Ausschnitt)

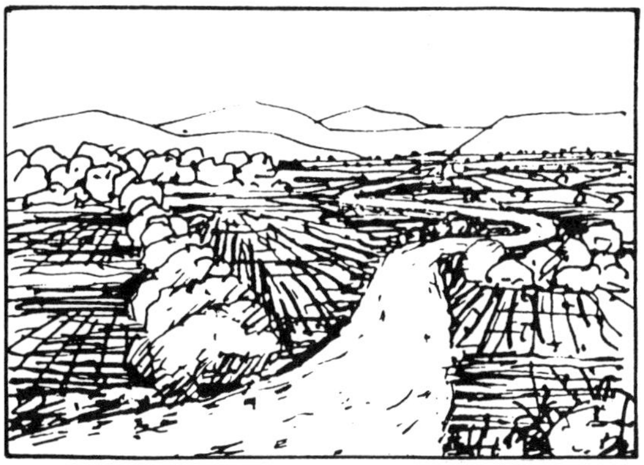

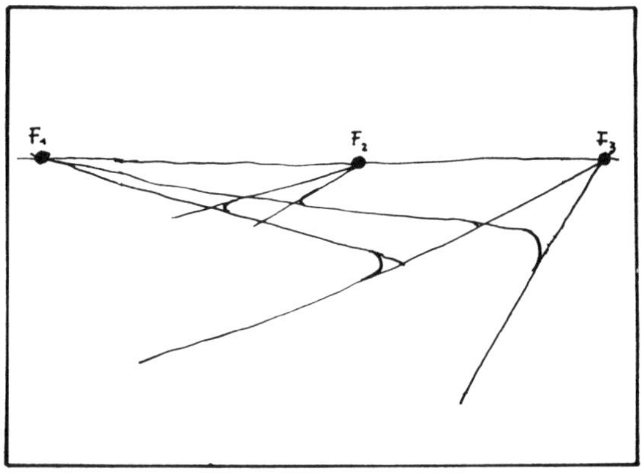
F_1
F_2
F_3

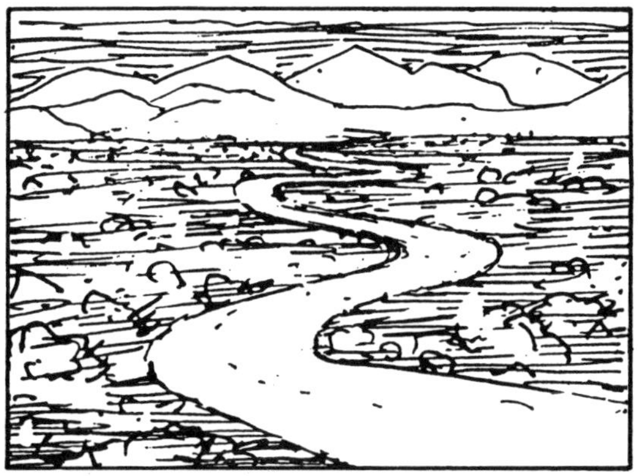

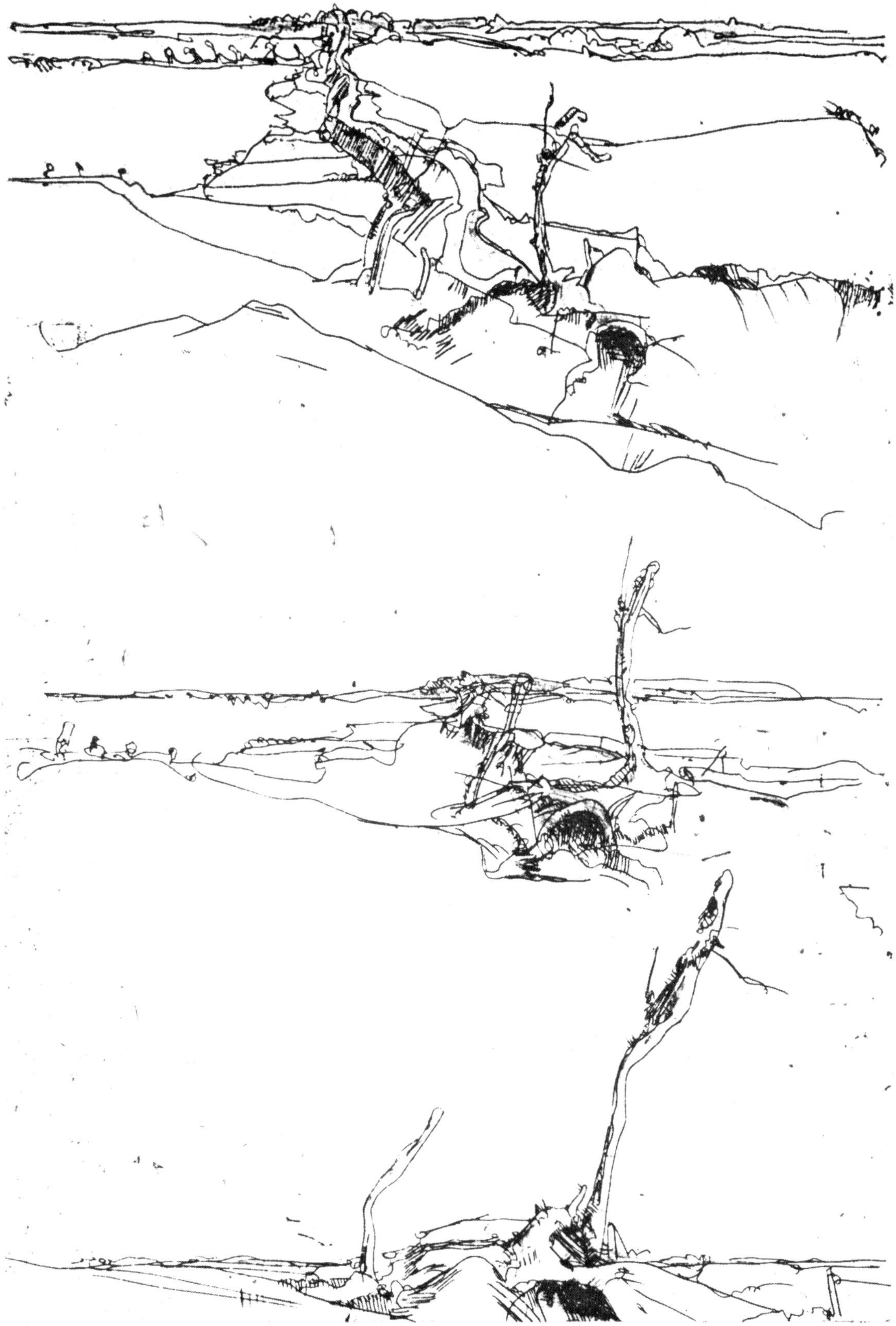

Horst Janssen

Ernst Eichinger

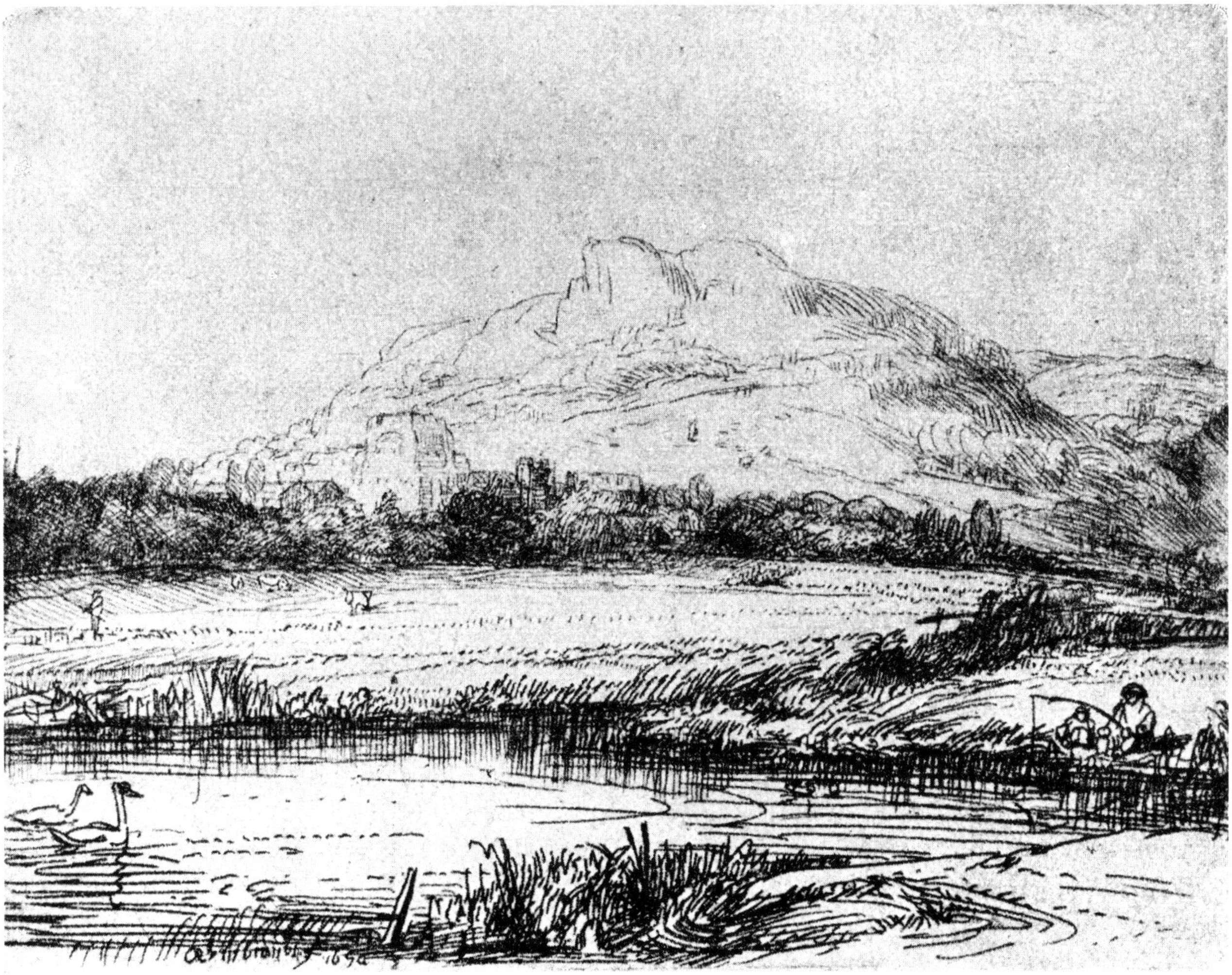

Rembrandt

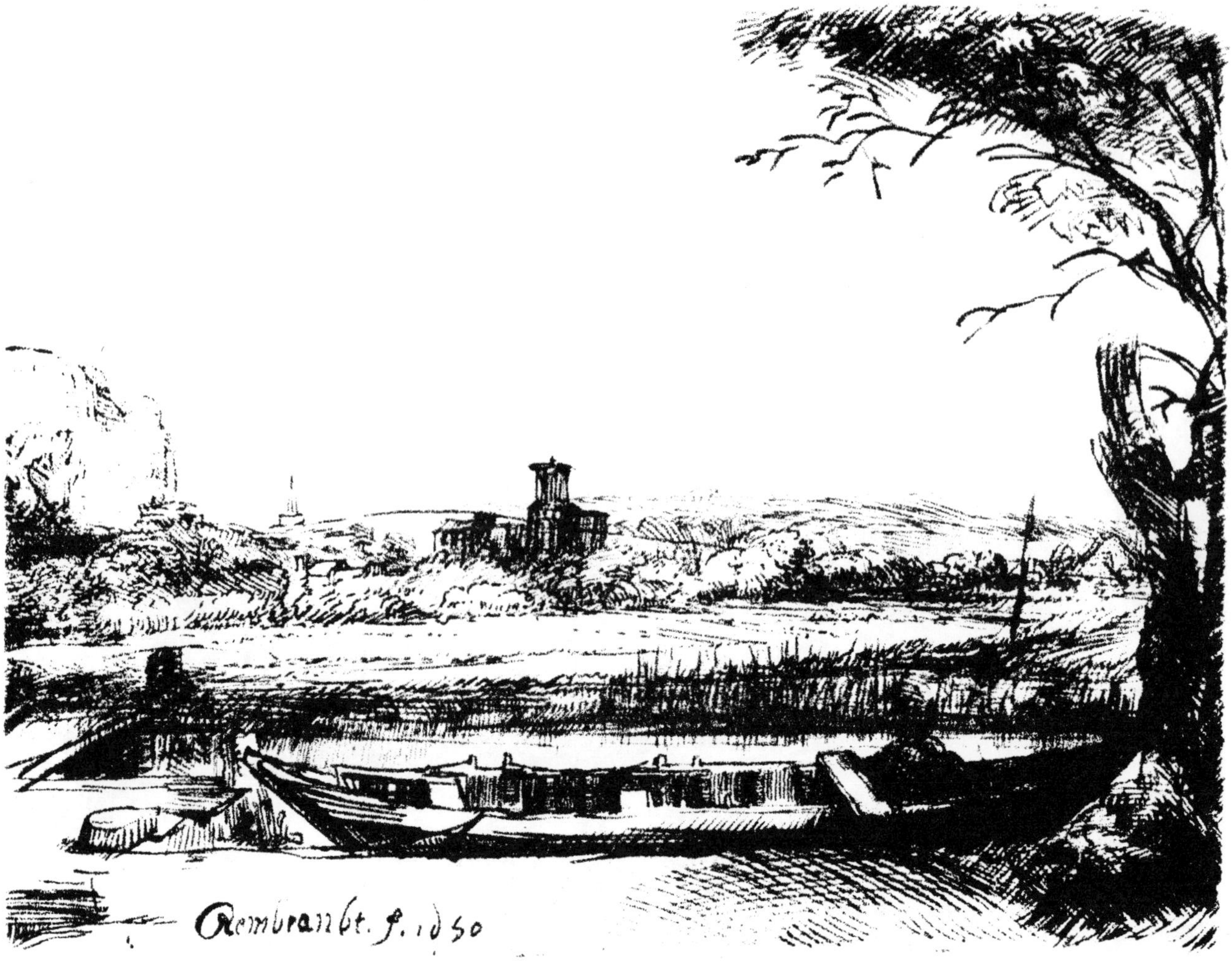

Rembrandt

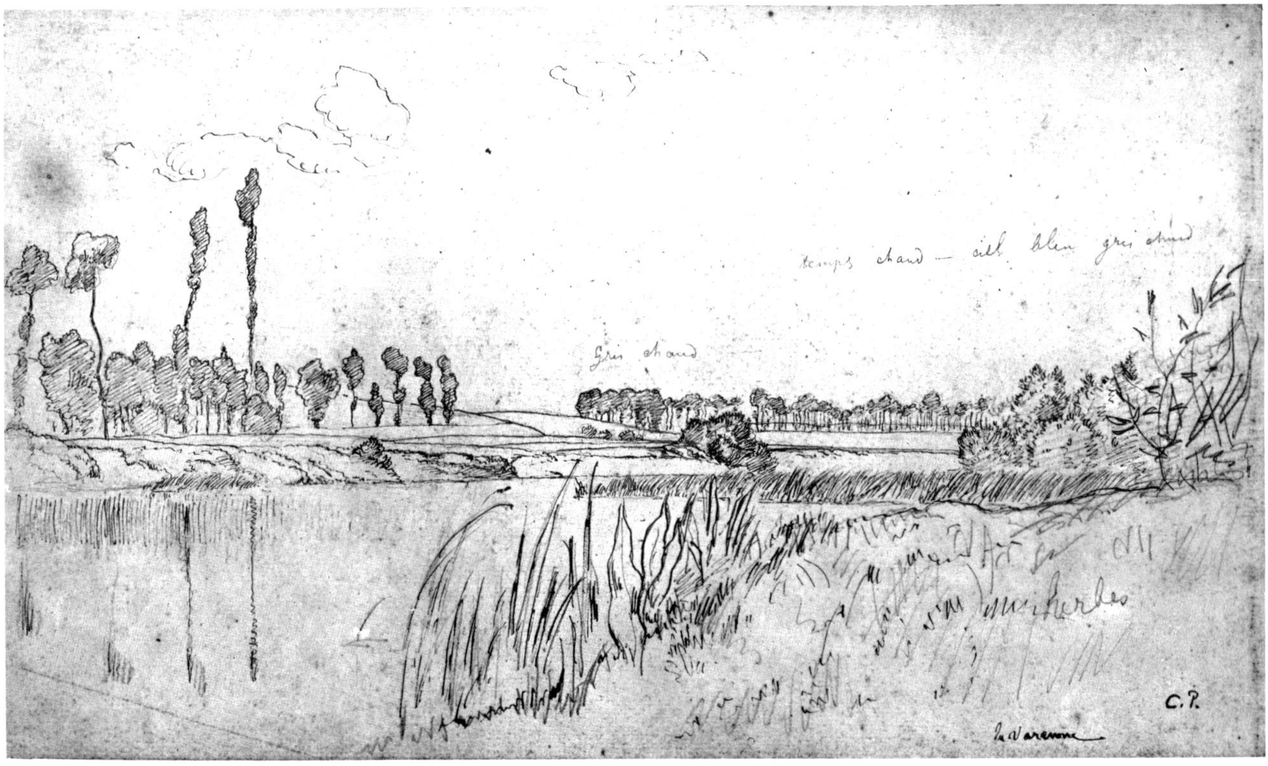

Camille Pissarro (1830–1903)

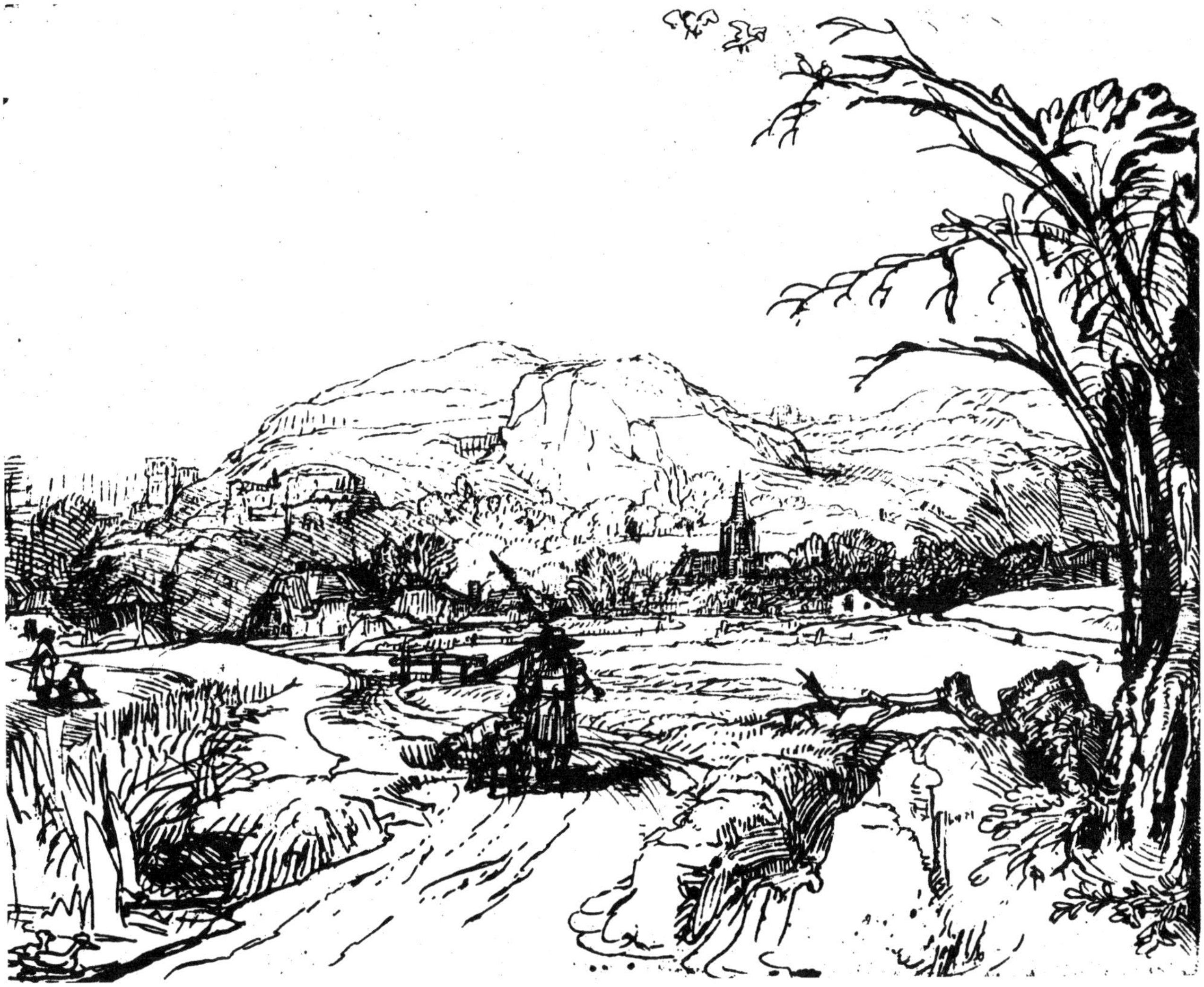

Rembrandt

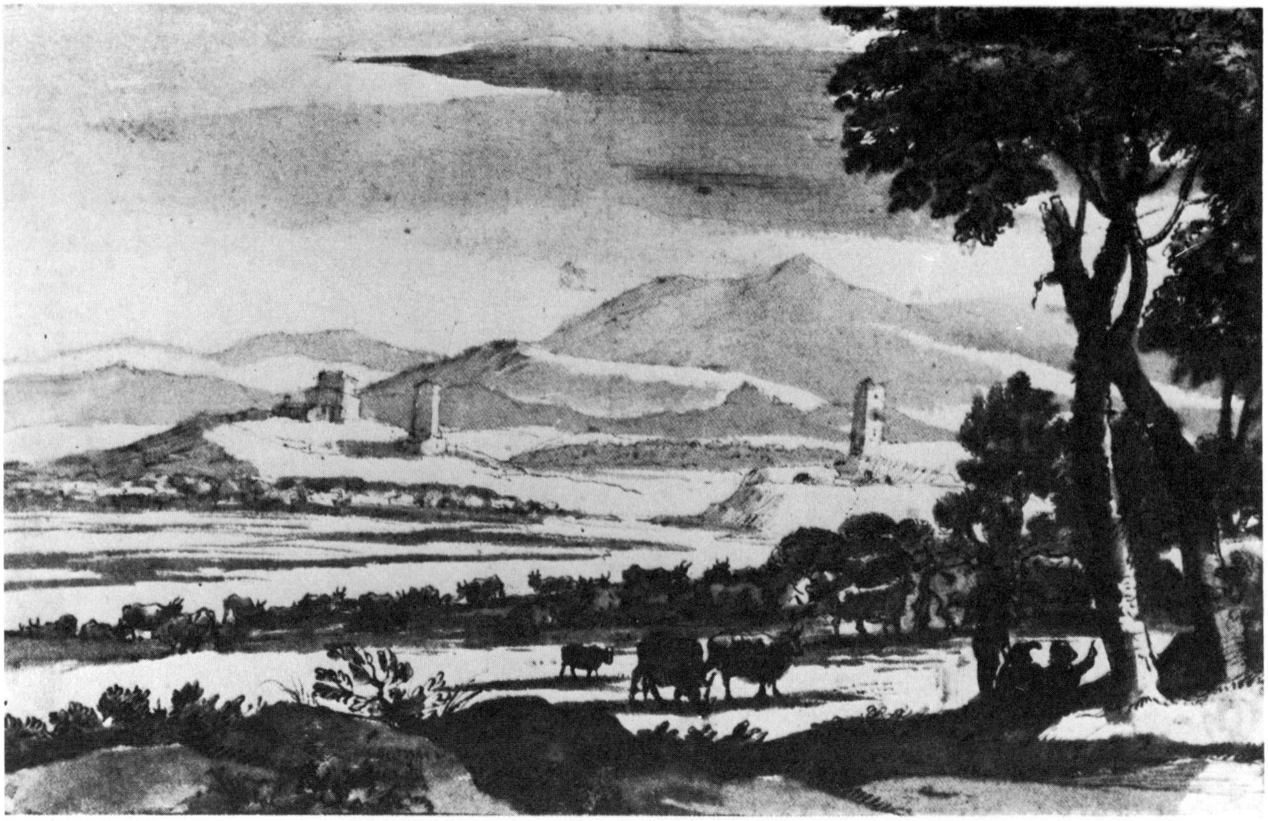

Annibale Carracci (1560–1609)

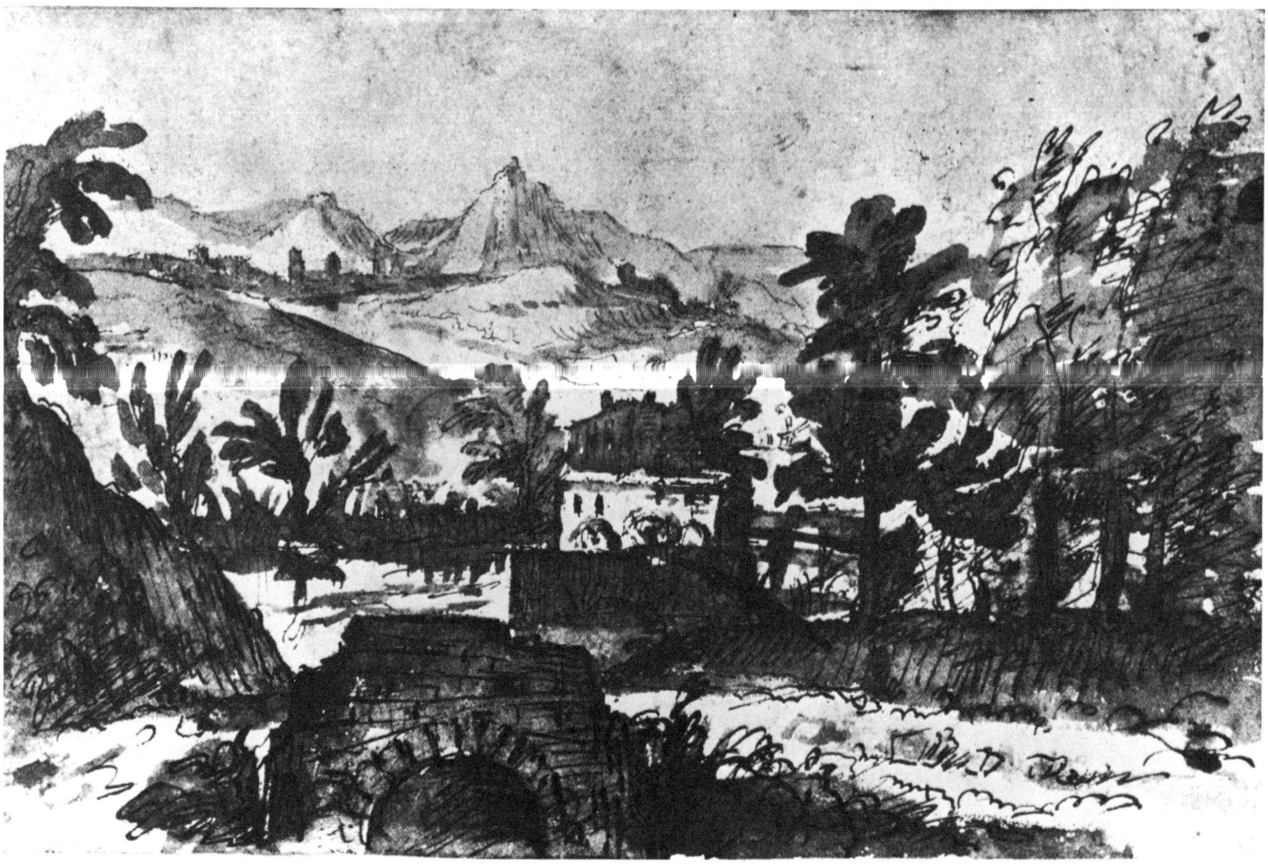

Claude Lorrain

Nr.	*Abbildungen*	*Quelle*
16	chinesische Tuschezeichnung	Der Senfkorngarten, chin. Malschule 18. Jhd.
25	Mario Prassinos „Alpilles“, 1976, Nr. 1	Kat. documenta 6, Kassel 1977, S. 143 unten
26	Roelant Savery, Felsen Hamburger Kunsthalle	Walter Bernt, Die Niederländischen Maler und Zeichner des 17. Jhd., München 1980, Abb. 528
28	Albrecht Altdorfer	ohne Angabe
29	Adriaen Verboom „Dorfstraße unter Bäumen“, Privatbesitz	W. Bernt, a.a.O., Abb. 621
30	Tobias Verhaecht „Gebirgslandschaft mit weitem Flußtal“ Slg. Dr. Beck, Berlin	
	Tobias Verhaecht „Felsenlandschaft“ Slg. Fr. Lugt, Paris	W. Bernt, a.a.O., Abb. 622 und 623
32	Joost de Momper „Berglandschaft mit einem Schloß“ Museum Boymans, Rotterdam Ausst. 1976/77	
	Joost de Momper „Hügelige Landschaft mit Kreuz am Weg“ Albertina Wien	W. Bernt, a.a.O., Abb. 418 und 419
39	Paul Cězanne „Bäume“ Dr. W. Feilchenfeldt, Zürich	Jiri Siblik, Paul Cězanne, Zeichnungen und Aquarelle, Wien/Hannover 1971, S. 64
41	Albrecht Dürer	Ausschnitt ohne Angabe
42	Paul Cězanne „Kastanien“ Art Museum, Rhode Island, Providence	J. Siblik, a.a.O., S. 61
44–51	chinesische Tuschezeichnungen	Der Senfkorngarten
53	Pablo Picasso „Bäume“ Slg. Picasso	Maurice Jardot, Pablo Picasso, Stgt. 1946, S. 119
54	Paul Klee „Baumschlag“ Paul Klee-Stiftung Bern	
	Paul Klee „Landschaft mit Accenten“ Paul Klee-Stiftung Bern	Paul Klee, Unendliche Naturgeschichte, hrsg. von J. Spiller, Basel/Stuttgart 1970, S. 66 und 116
55	Cesare Sesto über eine Kreideskizze von Leonardo da Vinci „Baumstudie“ Uffizien Florenz	Ludwig Goldscheider, Leonardo da Vinci, Landschaften und Pflanzen, London 1952, Abb. 19
57	Jan Lievens „Alte hohe Weide“ Kupferstichkabinett Dresden	W. Bernt, a.a.O., Abb. 363
58	Jan Lievens „Wald mit rastendem Paar“ Rijksmuseum Amsterdam	
	Jan Lievens „Zeichner unter Bäumen“ Kupferstichkabinett Berlin	W. Bernt, Abb. 361 und 362
64	Ludwig Richter „Landschaft bei Serpentara“ Akademie der Bildenden Künste Wien	H. Hutter, Die Handzeichnung. Entwicklung, Technik, Eigenart, Wien/München 1966, S. 99
65	Claude Lorrain „Baumstudie“ Royal Collection, Windsor Castle	Kindlers Meisterzeichnungen aller Epochen, Bd. III, Zürich 1963, S. 721
68	Rembrandt „Der heilige Franziskus“ Albertina Wien	K.G. Boon, Rembrandt, Das graphische Werk, Wien/München 1963, S. 274
69	Paul Klee „Landschaftsskizze“ Slg. Dr. Hermann Kunst, Bonn	Hans K. Roethel, Paul Klee in München, Bern 1971, S. 114
70	Albrecht Dürer „Johannes erhält Weisung gen Himmel“ (Ausschnitt) Kupferstichkabinett Berlin	Karl-Adolf Knappe, Albrecht Dürer, Das graphische Werk, Wien/München 1964, S. 88

	Abbildungen	*Quelle*
71	Albrecht Dürer „Die Kanone“ (Ausschnitt) Kupferstichkabinett Berlin	K.-A. Knappe, a.a.O., S. 170
72	Camille Corot „Nēpi“ Art Institute, Chicago	Kindlers Meisterzeichnungen, S. 790
73	Paul Klee „Waldkolonie“	ohne Angabe
74	Cornelis Vroom „Fahrweg durch den Wald“ Rijks Prentenkabinett Amsterdam	W. Bernt, a.a.O., S. 667
84	Salvador Dali (Zeichnung von 1927)	ohne Angabe
	Vincent van Gogh „Arles“ Nationalmuseum Vincent van Gogh Amsterdam	W.J. de Gruyter, Tekeningen van Gogh, Amsterdam 1965, S. 41
	Vincent van Gogh „Arles“ Nationalmuseum Vincent van Gogh Amsterdam	Evert von Uitert, Vincent van Gogh, Köln 1977, S. 57
85	Rembrandt „Die Singelgracht in Amersfoort“ Louvre Paris	Wilken v. Alten, Rembrandt Handzeichnungen, Berlin 1947, Abb. 68
86	Rembrandt „Die Hütte und der Heuschober“ (oben) Rijksmuseum Amsterdam	K.G. Boon, a.a.O., S. 164
	Rembrandt „Die Ansicht von Diemen“ (Mitte) Rijksmuseum Amsterdam	ibid., S. 197
	Rembrandt „Die Hütte beim großen Baum“ (unten) Rijksmuseum Amsterdam	ibid., S. 158
88	Rembrandt „Die drei Hütten“ British Museum London	K.G. Boon, a.a.O., S. 226
92	Paul Cēzanne „L'Estaque“ Art Museum, Rhode Island, Providence	
	Paul Cēzanne „Château Noir“ Museum Boymans, Rotterdam	J. Siblik, a.a.O., S. 59 und 60
93	Johannes Leupenius „Bauernhäuser unter Bäumen“ Museum Boymans, Rotterdam	
	Johannes Leupenius „Schloß Nijnrode an der Vecht“ Rijks Prentenkabinett, Amsterdam	W. Bernt, Abb. 356 und 357
94	Claude Lorrain „Landschaft bei Tivoli“ British Museum, London	Kurt Gerstenberg, Claude Lorrain, Baden-Baden 1952, S. 49, Abb. 111
95	Claude Lorrain „Campagna-Landschaft“ British Museum, London	Kindlers Meisterzeichnungen, S. 718
97	Paul Klee „Straßenzweigung“ Paul Klee-Stiftung Bern	H.K. Roethel, a.a.O., S. 90
98	Vincent van Gogh „Bauernhof in der Provence“ Gemeente Museum, Amsterdam	H. Hutter, a.a.O., S. 124
99	Paul Klee „Häuser am Park“ Galerie Beyeler, Basel	Unendliche Naturgeschichte, S. 217
100	Paul Klee „Junge Bäume auf freigelegtem Gelände“ Slg. Angela Rosengart, Luzern	Unendliche Naturgeschichte, S. 202
101	Hans Voth „Feldzeichen“	documenta 6, S. 147
102	Leonardo da Vinci „Arno-Landschaft“ Uffizien Florenz	L. Goldscheider, a.a.O., Tafel 7

Abbildungen		*Quelle*
103	Pablo Picasso „Blick auf Mènerbes“ Slg. Picasso	M. Jardot, a.a.O., S. 118
104	Paul Klee „Münchner Hauptbahnhof“ Slg. Paul Rothmund, Bern	H.K. Roethel, a.a.O., S. 74
105	Lucas van Uden „Allee“ British Museum, London	W. Bernt, Abb. 571
108	Paul Klee „Bei München“ Slg. Angela Rosengart, Luzern	H.K. Roethel, S. 58
	Paul Klee „Landschaft mit der Sonne“ Privatbesitz	Christian Geelhaar, Paul Klee, Zeichnungen, Köln 1975, S. 13
109	Rembrandt „Die Landschaft mit dem Turm“ Bibliothèque Nationale Paris	
	Rembrandt „Ansicht von Saxenburg bei Haarlem“ Art Institute, Chicago	K.G. Boon, a.a.O., S. 231 und 230
111	Rembrandt „Die Brücke von Six“ British Museum, London	K.G. Boon, S. 199
112	Rembrandt „Die große Flucht nach Ägypten“ British Museum, London	K.G. Boon, S. 246
114	Albrecht Dürer „Michaels Kampf mit dem Drachen“ British Museum, London	K.-A. Knappe, a.a.O., S. 162
117	Horst Janssen „Landschaft 3 x“	Kat. Horst Janssen, Retrospektive auf Verdacht, Hamburg 1982, S. 120
119	Rembrandt „Der Kanal mit den Schwänen“ Rijksmuseum Amsterdam	K.G. Boon, S. 222
120	Rembrandt „Die Landschaft mit dem Kahn“ Rijksmuseum Amsterdam	K.G. Boon, S. 223
121	Camille Pissarro „Ansicht von la Varenne“ Slg. Curtis v. Baer, New York	Kindlers Meisterzeichnungen, S. 817
123	Rembrandt „Die Landschaft mit dem Jäger“ Rijksmuseum Amsterdam	K.G. Boon, S. 243
124	Annibale Carracci „Landschaft mit Brücke“ Cabinetto Nazionale del Estampe, Rom	
	Claude Lorrain „Landschaft mit Turm“ Musée du Petit Palais, Paris	H. Hutter, a.a.O., Abb. 42 und 43